VOM GANGSTA ZUM GOURMET

VOM GANGSTA ZUM GOURMET

VON

SNOOP DOGG

MIT RYAN FORD

PANINI BOOKS

EIN GRUSSWORT VON

Martha Stewart

SNOOP UND ICH HABEN seit seinem ersten Auftritt in der *Martha Stewart Show* im Jahr 2008 eine besondere Beziehung. Sie entstand aus unserer tiefen Verbindung zum Essen, während wir Cognac-Kartoffelpüree und grüne Brownies zauberten! So war es nur konsequent, dass wir uns zur Zusammenarbeit an der VH1-Sendung *Martha and Snoop's Potluck Dinner Party* wiedertrafen. Mit Snoop zusammen in der Küche zu arbeiten war für mich eine bemerkenswerte Erfahrung. Er hat mir nicht nur neue Begriffe und kulturelle Bezüge beigebracht, er überraschte mich auch mit seinen einzigartigen Kochtechniken und Rezepten. Und nun kann ich es kaum erwarten, dass er all das in diesem lustigen, einzigartigen Kochbuch mit der Welt teilt!

Martha Stewart

VORWORT

Willkommen In Meiner Küche

Mann, ich bin im Lauf der verdammten letzten drei Jahrzehnte bestimmt hundertmal um die Welt und zurück. Ich bin mehr als die Hälfte meines Lebens *on the road*. Und obwohl es mir schwerfällt, das kalifornische Klima, das Grün meiner Heimat zu verlassen, steh ich drauf, rauszugehen und mich unter meine vielen Fans zu mischen, die ich rund um den Globus gewonnen habe.

Von Madeira bis München, von Mississippi bis Marokko und von Japan bis zum Land meiner Eltern - es ist immer wieder überraschend zu sehen, wie die Fans auf der ganzen Welt unseren Westcoast-Lifestyle mitnehmen. Sie kennen unseren Swag, unseren Slang und unser ganzes Sein - dabei können sie manchmal nicht einmal unsere Sprache.

Aber Essen *on the road*? Na, da müsst ihr Glück haben. Und da der Dogg nicht gerade der super-abenteuerlustige Anthony-Bourdain-Typ ist, wenn's um Essen geht, ist nur selten die Gelegenheit für besondere Festmähler, versteht ihr? Und dizzhalb kenn ich in bestimmten Städten ganz bestimmte Spots, wo Schärfe und Geschmack stimmen.

Ich bin schon lang kein Welpe mehr. Und wie jeder erfahrene Playa hat sich auch mein Geschmack im Laufe der Jahre weiterentwickelt. Und wenn ich mittlerweile auch die Vorzüge der erstklassigen Luxusküche zu schätzen weiß, lasse ich es doch immer noch gerne hood-style mit ein paar echten LBC*-Klassikern abgehn.

Eins ist klar, und zwei Dinge sind sicher: Der Dogg muss essen, und auf die eine oder andere Weise machen wir das rund. Egal, ob ich mit Backstage-Mampf kreativ werde oder ein Rezept, das ich unterwegs aufgeschnappt habe, nachkoche und neu abmische, wenn ich wieder in Killa Cali bin. Und so war's ganz natürlich, einige meiner besten Rezepte zusammenzustellen, um sie mit euch zu teilen. Von Leckerlis fürs Frühstück zu Knabbereien für spät nachts - hier gibt's alles, was ihr braucht, um safe bei jeder Gelegenheit gut versorgt zu sein.

Ich hab' für euch die feinsten Leckereien zum Nachbauen, Delikatessen, die ihr jederzeit in meinem Kühlschrank und meiner Speisekammer findet, ein paar jamaikanisch inspirierte Mixes aus meiner Zeit auf den Inseln, Basics aus dem tiefen Süden für eure Seele und ein paar Insider-Rezepte, die die Broadus-Familie noch nie verraten hat.

Aber es geht nicht nur ums Futter. Kein Bissen ohne Beats, deshalb hab' ich Playlists für euch und die Euren zusammengestellt, die euch rocken, während ihr euch an der Herdplatte austobt.

Vertraut dem großen Rüden: Das hier ist das beste Kochbuch, das je gemacht wurde. Und jetzt haltet ihr es in den Händen. Also schaut schnell rein ... erforscht die Möglichkeiten und überlegt euch, was ihr als erstes kochen wollt!

SNOOP DOGG

*Long Beach City

In Meiner Speisekammer

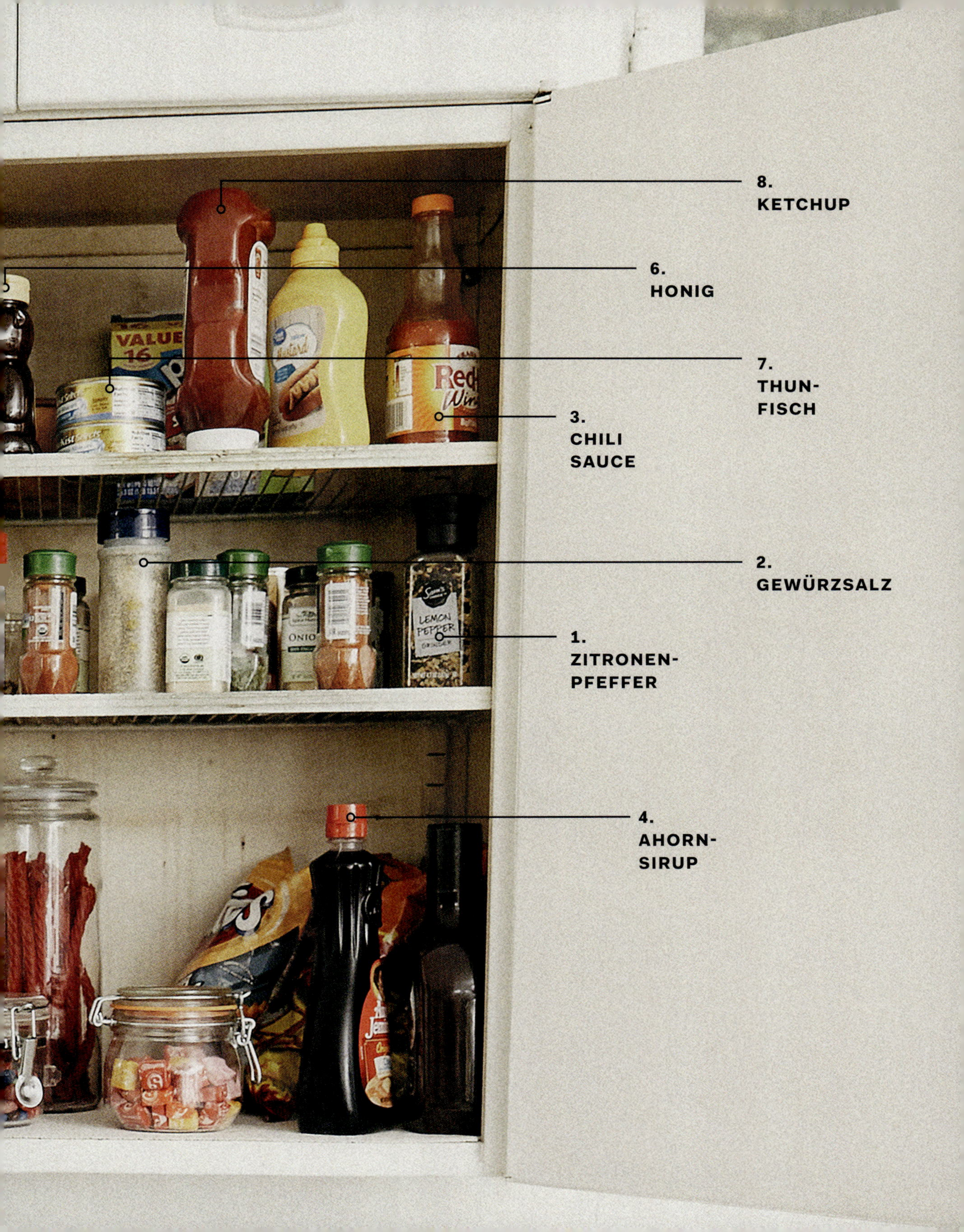
8. KETCHUP
6. HONIG
7. THUN-FISCH
3. CHILI SAUCE
2. GEWÜRZSALZ
1. ZITRONEN-PFEFFER
4. AHORN-SIRUP

In Meiner Speisekammer

1

ZITRONENPFEFFER

Fades Hähnchen geht gar nicht, deshalb schmeiß ich gerne etwas Zitronenpfeffer auf meine Wings. Ein Lob auf meinen Homie Rick Ross - er kennt sich mit Zitronenpfeffer aus! Mit dem von McCormick könnt ihr nichts falsch machen.

2

GEWÜRZSALZ

Ich verrat euch gleich mal einen meiner geheimen Tricks: Gewürzsalz, 'ne Mischung aus Paprika, Kurkuma, Zwiebeln und Knoblauch, ist ein Klassiker, den ihr zu allem Möglichen hinzufügen könnt. Aus der Speisekammer vom Boss Dogg ist es nicht wegzudenken! Investiert etwas mehr und besorgt euch das von Lawry's.

3

CHILISAUCE

Wie ihr seht, steh ich auf alle Arten von Soßen, aber scharfe Soße ist wohl die wichtigste. Jeder hat seine Lieblingsmarke, aber der Dogg hat eine Schwäche für Crystal. Ein Spritzer davon passt zu allem - auf einem Sandwich, auf einem Hühnchen, auf einer Pizza. Was auch immer ihr damit anstellt, es gibt allem den letzten Schliff.

4

AHORNSIRUP

Ohne Ahornsirup kein Frühstück für Champions. Ob ihr Schweinefleisch auf der Gabel habt oder einen Stapel Pfannkuchen, nichts ist besser als ein Stück Butter und etwas warmer Ahornsirup. Lasst das Aunt Jemima-Sirup euer Frühstück veredeln, und dann haut rein.

5

SOJASOSSE

Auf meinen Reisen um die Welt hab' ich viel asiatisch gegessen – Nudeln, Reis, Sushi, vieles mehr. Und nichts passt besser zu gebratenem Reis oder Sashimi als Sojasoße. Mischt sie mit etwas Wasabi – aber achtet auf das richtige Verhältnis, sonst spielen eure Nebenhöhlen verrückt!

6

HONIG

Für den Top Dogg gibt es nichts Wichtigeres als seine Stimmbänder, und als Live-Performer muss ich sie in Top-Form halten. Ein paar ältere Gangsta haben mich gelehrt, dass guter Honig und warmer Tee der Schlüssel zu einer guten Stimme sind. Seitdem habe ich den Honig immer am Start. Gib mir rohen und ungefilterten Honig, denn ich bin selbst roh und ungefiltert!

7

THUNFISCH

Egal, ob ihr ihn mit Mayo mischt oder 'n mega gegrilltes Thunfischsandwich macht, mit einer Dose dieses Fischs könnt ihr nichts falsch machen. Ich versuch ja auch, auf meine Ernährung zu achten, vor allem jetzt, wo ich mit meinem Fitnessprogramm richtig Gas auf'm Gras gebe. Fisch soll wirklich gut für dich sein, und mein Favorit ist Thunfisch!

8

KETCHUP

Ich steh drauf, den Grill anzuschmeißen – und was wär ein Barbecue ohne Ketchup? Stellt euch mal vor: Burger, Hot Dogs, Wings – und kein Ketchup dazu? Nur etwas Fleisch in einem trockenen Brötchen? Nicht mit dem Dogg. Ketchup muss nah sein, und er muss von Heinz sein. Das kann was, gönn dir das.

9

MACCARONI & CHEESE

Selbstgemachte Makkaroni mit Käse sind immer das Nonplusultra, aber manchmal muss es schnell gehen. Wenn ihr nicht warten wollt, bis die selbst gemachten Makkaroni kochen und backen, greift zu Kraft und nehmt einen Topf. Boom: köstlich cremiger Käse in Sekunden!

10

POP TARTS

Besuchern sag ich, die wären für die Kinder oder den Enkel, aber eigentlich sind die für mich. Gibt's heutzutage in allen Flavas unter Gottes großer Sonne, aber ich sag': bleibt OG und nehmt Schoko-Fudge. Manchmal muss man bei den Klassikern bleiben, klar?

In Meinem Kühlschrank

6.
BARBECUE
SAUCE
1.
EIER
7.
SENF
4.
RANCH
DRESSING
3.
MILCH

In Meinem Kühlschrank

1

EIER

Eier sind auf jede Art leckerst – als Rührei mit etwas Käse, Spiegelei im Sandwich oder in einem meiner heftigen Omeletts. Und wenn du einen Salzstreuer zur Hand hast, geht's auch mal weichgekocht. Der Dogg garantiert höchste Zufriedenheit.

2

CHEDDAR

Und damit meine ich nicht diese Schmelzkäseplättchen, sondern echten, scharfen, gut gereiften Cheddar. Ich verwende ihn in vielen meiner Gerichte; meine "Squad Up Chili Cheese Fries" (Seite 166) und "Booted and Looted Nachos" (Seite 168) sind voll mit diesem Käse. So oder so, Bigg Snoop Dogg will immer an den Cheddar!

3

MILCH

Habt ihr *Friday* mit meinem Kumpel Ice Cube gesehn? Wie ihm die Milch ausging und er Wasser auf sein Müsli tun musste? So etwas passiert in meinem Haushalt nie. Ich hab immer Milch an Deck, denn ich bin immer heiß auf eine große Schüssel Snoop's Loops. Verschont mich mit Mandel- oder Sojamilch. Ich mag meine eiskalt - fettarme oder 3,5 %ige ist einfach das Ding.

4

RANCH DRESSING

Noch 'ne Lieblingszutat. Ich fang ja an, mich an Gemüse und Salate und so zu gewöhnen, aber ich brauche 'n bisschen Ranch, um dem Grünzeug etwas mehr Geschmack zu verleihen. Dieses cremige Dressing ist das Ding, um all die Pflänzchen ein wenig schmackhafter zu machen. Was die Sorte betrifft – Hidden Valley ist das Ding. Wirklich kühl und sanft – so wie ich halt.

5

DILLGURKEN

Was gehört auf jedes Delikatessensandwich, das ihr kennt? Gurken, Alter! Egal, ob Pastrami oder klassisches Roastbeef, ihr wisst, dass die Gurke dazugehört. Das Gleiche gilt, wenn ich zu Hause eines meiner Caribbean Queen Cubanos (Seite 58) zubereite. Ich schmeiß gern 'ne Gurke dazu, um das Ganze abzurunden.

6

BARBECUE SAUCE

Hatte ich euch schon gesagt, dass ich gern am Grill steh' und einen auf Iron Chef mache? Isso. BBQ gehört dazu. Egal, ob ihr Fleisch darin mariniert oder einfach nur einen Klecks darauf gebt, BBQ-Soße verleiht diesen süßen, würzigen Geschmack, von dem ich nicht genug bekommen kann. Ihr wollt wissen, welche die Beste ist? Tja, da müsst ihr meinen Onkel Reo fragen. Glaubt dem Dogg, dass Reo's Ribs die beste Soße im ganzen Land hat.

7

SENF

Und ich sprech' hier nicht von meinem Produzenten, DJ Mustard, ich sprech' von Heinz, ich sprech' von French's, ich sprech' von dieser sanften Salbe. Noch ein Gewürz, das man haben muss, verstehste? Senf passt auch gut zu meiner gebratenen Bolognese (Seite 50). Ohne Senf ist sie nicht komplett!

8

MOËT

Manchmal muss man einfach tight einen auf Rapper machen. Ich trinke gerne ab und zu ein Glas Blubberwasser, und wenn ich das tue, muss ich das beste haben. Deshalb habe ich immer 'ne Flasche Moët gekühlt – so bin ich immer bereit, die Korken knallen zu lassen.

9

ORANGENSAFT

Ich bin ja gerade auf 'nem kleinen Gesundheitstrip und mag eher die grüne Variante. Aber hey, ihr wisst ja, es geht nichts über O-Saft. Ihr solltet immer einen Krug davon haben. Man weiß nie, wann man ihn mit etwas Moët oder noch besser ... Gin mischen muss. Habt ihr kommen seh'n, oder?

10

BUTTER

Der Schlüssel zum guten Kochen: Butter, und zwar jede Menge davon. Und ich meine nicht diesen fettarmen Pflanzenaufstrich. Ich spreche vom Real Deal, echte Butter frisch vom Hof, die goldgelb in der Pfanne brutzelt. Ein oder zwei Packs findet ihr immer in Snoops Crib.

TOP SPOTS

Hier sind meine heißesten Schlemmer-Places. Natürlich sind die meisten davon in meinem Revier - der **STADT DER ENGEL**. Das Essen hier ist großartig, kein Grund zu Winseln in meiner Stadt. Aber der Dogg kommt rum ... und ich und der **BIG APPLE** kennen uns schon lang. Also hab ich da auch einen für euch in der Kammer.

~ 1 ~

ROSCOE'S

Scheiße, seit ich in Hollywood bin, gehe ich immer ins Roscoe's. Ich war da zum ersten Mal, als ich mit Dr. Dre an *The Chronic* gearbeitet habe. Und Roscoe's war immer gut zu mir. Alter, niemand hätte je geahnt, dass Hühnchen und Waffeln funktionieren würden, aber dort haben sie den Code geknackt. Das Essen da ist so gut und ich steh drauf, wie sie expandiert haben. Jetzt ist jeder auf der Welt heiß auf Hühnchen und Waffeln. Ich hab diese Combo überall probiert, und ich sag euch, ihr müsst in eines der Roscoe's-Restaurants in L.A. kommen, um das echte Original zu bekommen. Diese buttrige Waffel und diese saftigen Flügel sind so gut, dass mein Kumpel Barack Obama auch welche haben wollte. Jetzt sind drei Flügel und eine Waffel als das Obama Special bekannt. Der heißeste Scheiß, oder?

~ 2 ~

RANDY'S DONUTS

Inglewood! Hart, aber gut. Wenn du den riesigen Donut siehst, weißt du, dass du mitten in I bist. Dieser ganz besondere Imbiss ist nur ein paar Blocks von meiner Crib in L.A. entfernt, also bin ich immer bereit, mir dort ein paar Schachteln zu schnappen und die Homies vor einem Football-Match zu versorgen. Randy's versucht nicht, dir überkandidelten Shit zu geben; sie haben die Sorten, die man mag, und die haben sie hundert pro. Hol dir 'nen Ahornriegel, 'nen Schokoring – oder beides, wenn du nicht voll im Training bist. Was auch immer du dir bei Randy's holst, du wirst vollends befriedigt werden.

~ 3 ~

FAT-BURGER

Der zu Unrecht verstorbene Biggie hat's am besten gesagt: *Wenn du sie klarmachen willst, geh mit ihr zu Fatburger*. Eine der heißesten Burgerbratereien in L.A., lang bevor In-N-Out der letzte Schrei wurde. Wenn die Rapper zu den Source Awards nach L.A. kamen, wusstest du, wo sie zu finden waren: im Fatburger am Beverly Center. Haben aber vorher Bescheid gegeben – in der Stadt der Engel lauert schließlich ständig Gefahr.

~ 4 ~

THE SERVING SPOON

Dieses nicht ganz so bekannte Lokal ist ein echter Ghetto-Superspot und bietet euch das beste Frühstück der Stadt! Lachskroketten, Chicken Wings, Maisgrütze und natürlich diese heißen Eier mit Käse. Aber denkt nicht mal daran, euch Sonntagmorgens nach der Kirche dorthin zu schleichen. Das Ding ist dann so voll wie die Clubs am Samstagabend. Aber das ist es wert.

~ 5 ~

THE W HOTEL

NEW YORK CITY

New York, New York, big city of dreams … ihr kennt meine Geschichte, und wisst, dass die Ostküste den Dogg liebt. Von allen Orten außerhalb von Killa Cali habe ich die Stadt, die niemals schläft, in den letzten drei Jahrzehnten am häufigsten besucht. Und kenne sie gut. Da der Dogg immer herumzieht, ist das W Hotel mitten im Big Apple so etwas wie mein zweites Zuhause. Ich lass mir eigentlich alles aufs Zimmer liefern, aber im hinteren Teil des Speisesaals fühle ich mich erst recht voll Boss. Ich hab' mein Lieblingsessen und sie wissen immer genau, was ich will, wenn ich reinkomm'. Das nenn' ich Service.

KAPITEL 1

Früh-
stück

GUTEN MORGEN, SCHLUFFIES! Zeit, aufzuwachen – und was eignet sich da besser als die wichtigste Mahlzeit des Tages? Wenn es darum geht, den Tag zu beginnen, war ich schon immer ein Typ für Crunch und Knusper. Jeder weiß, dass ich gerne eine Schachtel Lucky Charms oder Cheerios in Reichweite habe, und ich habe sie früher sogar in ein paar meiner Tracks erwähnt. Versteht das nicht falsch – ich kann noch viel mehr, als 'ne Packung Frosties abzustauben. Ich habe schon als Welpe Eier aufgeschlagen - als Teen habe ich sogar in der Frühstücksschicht bei McDonald's gearbeitet. Der Aufseher nannte mich "Young Eggs", weil ich die Eierschale mit einer Hand knacken konnte – glaubt mir! Diese Fähigkeit kann ich heute noch gut brauchen, wenn ich in der Küche stehe und ein herzhaftes Frühstück für meinen Enkel zubereite. In diesem Kapitel findest du ein paar vom Dogg anerkannte Rezepte für einen guten Start in den Tag, also raus aus den Federn und ran an den Herd ...

Der Smoovie

Ihr habt wahrscheinlich bemerkt, dass ich im Fitnessstudio knallhart am Trainieren bin. Ja, ich hab Gewichte gestemmt, Laufübungen gemacht und mich um Körper, Geist und Seele gekümmert. Außerdem muss ich sicherstellen, dass ich mein Training mit meinem Lieblings-Smoothie beende – ich rauche nicht nur Grünzeug, ich trinke es auch!

1 PORTION

ZUTATEN

40g	frischer Spinat
1	mittelgroße Orange, geschält & geviertelt
1	Banane, in Scheiben
500ml	Kokoswasser
2EL	Proteinpulver (falls ihr das mögt)

Spinat, Orange, Banane, Kokosnusswasser und Proteinpulver (falls ihr das mögt) in einen Mixer geben. Auf höchster Stufe pürieren, bis die Masse glatt und cremig ist. Sofort servieren.

FLIP DAS DING

Schmeißt Ananas, Äpfel, Grünkohl oder was immer ihr am Start habt mit rein. Das Wichtigste ist, dass ihr den Treibstoff bekommt, der euch durch den Tag bringt.

Nich Die Muffins Von Deiner Mudda

Ich steh' total auf das Maisbrot von Roscoe's, vor allem mit etwas Butter und Marmelade. Ich habe sogar einmal meinen Kumpel Larry King in die Filiale in Hollywood geschleppt, um ihm zu zeigen, wie gut dieses Maisbrot ist. Aber lasst euch nicht täuschen – mit meinen hausgemachten Maisbrot-Muffins ist auch nicht zu spaßen! Da scheue ich keinen Vergleich, also probiert's selbst. Was macht sie so gut? Vielleicht liegt es an der sauren Sahne in der Mischung. Ich weiß, was ihr denkt: "Maisbrot und saure Sahne?" Macht euch mal locker und probiert es erst mal.

6 BIS 8 PORTIONEN ODER 12 MUFFINS

ZUTATEN

140g	Weizenmehl
90g	Maismehl
1½TL	Backpulver
½TL	Salz
¼TL	Natron
55g	Butter (Zimmertemperatur)
50g	Zucker
2	große Eier
120ml	Vollmilch
160g	saure Sahne oder Joghurt (10%)t

1. Den Ofen auf 220°C vorheizen, Rost auf der mittleren Schiene. Eine 12er Muffinform ausbuttern oder mit Backpapier auslegen.

2. In einer kleinen Schüssel Mehl, Maismehl, Backpulver, Salz und Natron verquirlen.

3. In einer mittelgroßen Schüssel die Butter und den Zucker verrühren. Mit einem elektrischen Handrührgerät auf mittlerer Stufe cremig schlagen. Die Eier hinzufügen und schlagen, bis sie goldgelb und gut vermischt sind. Die Milch und die saure Sahne unterrühren.

4. Die trockenen Zutaten nach und nach zu den feuchten Zutaten geben. Vorsichtig mischen oder bei niedriger Geschwindigkeit schlagen, dabei darauf achten, nicht zu viel zu mischen (der Teig sollte sehr dick sein).

5. Den Teig in die vorbereitete Muffinform geben, Vertiefungen jeweils etwa zu drei Vierteln füllen.

6. Die Muffinform in den Ofen schieben und 16 bis 18 Minuten backen. Die Muffins sind fertig, wenn sie goldbraun sind und ein Zahnstocher in der Mitte der Muffins sauber rauskommt.

7. Die Muffinform aus dem Ofen nehmen. Muffins 5 Minuten lang ruhen lassen, oder bis sie so weit abgekühlt sind, dass sie sich anfassen lassen. Aus der Form nehmen und warm servieren.

8. Die Muffins lassen sich bei Raumtemperatur in einem luftdichten Behälter oder verschließbaren Gefrierbeutel bis zu 3 Tage oder im Gefrierfach bis zu 2 Monate aufbewahren.

Pfundige Pfannkuchen

Ich mag meine Pfannkuchen so, wie ich mein Geld mag - hoch gestapelt bis zur Decke, und dieses Pfannkuchenrezept lohnt sich jederzeit. Stellt nur sicher, dass ihr reichlich Butter und Aunt Jemima's Ahornsirup an Deck habt, denn nichts vergoldet pfundige Pfannkuchen so sehr wie ein Spritzer klebrigen, süßen Sirups. Versteht ihr, ne?

4 BIS 6 PORTIONEN

ZUTATEN

300 g	Weizenmehl
¾TL	Salz
2½EL	Zucker
2½EL	Backpulver
2	Eier
2TL	Vanilleextrakt
420 ml	Vollmilch
75g	Saure Sahne
90g	Butter
	Ahornsirup

1. Mehl, Salz, Zucker und Backpulver verquirlen.

2. In einer anderen Schüssel die Eier, Vanillezucker, Milch und saure Sahne schaumig schlagen. Die geschmolzene Butter hinzugeben und verquirlen.

3. Die trockenen Zutaten über die feuchten Zutaten sieben und vorsichtig unterheben, um sie zu mischen. Nicht zu viel mixen; aufhören, wenn der Teig noch etwas klumpig und dünn ist.

4. Eine große Pfanne auf mittlerer bis hoher Stufe erhitzen und 1 EL Butter hineingeben. Sobald die Pfanne heiß ist und die Butter schäumt, den Teig in Portionen von ca.60 ml in die Pfanne geben. Backen, bis die Blasen in der Mitte der Pfannkuchen platzen und der Rand leicht gebräunt aussieht, wenn man ihn anhebt. Vorsichtig umdrehen und die andere Seite goldbraun backen.

5. Sofort mit Butter und etwas Aunt Jemima servieren.

FLIP DAS DING

Legt 3 oder 4 dünne Scheiben frische Früchte direkt auf den Pfannkuchen, bevor er zu blubbern beginnt.

Zimtschnecken

Ich verwöhne mich immer gerne mit allem, was Zimt hat. *Cinnamon Toast Crunch* ist cool, wenn ich mal im Müsli-Modus bin, aber es gibt keinen besseren Zimtsnack als diese Schnecken. Ich sag's euch - diese Teile sind süß und würzig und einfach nur lecker. Holt euch eine - ach was, holt euch besser gleich zwei! Und macht euch keine Sorgen über den Bourbon, deswegen verliert ihr nicht euren Lappen. Es ist grade mal genug drin, um dem Ganzen den besonderen Pfiff zu geben.

6 BIS 8 PORTIONEN
12 ZIMTSCHNECKEN

FÜR DEN TEIG:

60ml Vollmilch
2¼TL Trockenhefe
2EL Zucker
1 großes Ei
2EL Butter (Zimmertemperatur)
350g Weizenmehl
1TL Salz
3EL Butter

FÜR DIE ZIMTFÜLLUNG:

130g Rohrohrzucker
1TL Zimt (gemahlen)

FÜR DIE BOURBON-GLASUR:

120g Puderzucker (mehr, falls nötig)
2EL Sahne (mehr, falls nötig)
2EL Bourbon

REZEPT FÜR DEN TEIG:

1. Eine große Schüzzil einölen.
2. In einem kleinen Kochtopf bei mittlerer Hitze 120 ml Wasser und die Milch verrühren. 2 bis 3 Minuten lang erhitzen, bis sie warm ist. Die erwärmte Flüssigkeit in eine große Schüssel umfüllen und die Hefe einstreuen, um sie zu aktivieren (sie sollte anfangen zu schäumen).
3. Den Zucker, das Ei und die weiche Butter hinzufügen. Rühren, bis alles gut vermischt und glatt ist.
4. Nach und nach Mehl und Salz hinzufügen. Rühren, bis sich ein feuchter Teig bildet. Den Teig mit Knethaken bei mittlerer Geschwindigkeit 6 bis 7 Minuten lang bearbeiten. Alternativ kann der Teig 8 Minuten lang von Hand geknetet werden, bis sich eine klebrige Kugel bildet. Den Teig in die vorbereitete Schüssel geben und mit einem Tuch abdecken. 1 bis 1½ Stunden ruhen lassen, bis sich die Größe des Teigs verdoppelt hat.

FORTSETZUNG>>>

REZEPT FÜR DIE ZIMTFÜLLUNG:
In einer kleinen Schüssel den braunen Zucker und den Zimt verrühren, bis alles gut vermischt ist.

REZEPT FÜR DIE BOURBON-GLASUR:
In einer kleinen Schüssel den Puderzucker, die Sahne und den Bourbon verrühren, bis eine glatte Masse entsteht, dabei je nach Bedarf mehr Sahne oder Zucker hinzufügen, damit die Masse leicht zu träufeln ist.

REZEPT FÜR DIE ZIMTSCHNECKEN:

1. Den Backofen auf 180°C vorheizen, mit dem Rost auf der mittleren Schiene. Eine ca. 23 x 33 cm große Auflaufform buttern.

2. Den Teig auf eine leicht bemehlte Arbeitsfläche legen und zu einem Rechteck ca. 15 x 46 cm ausrollen. Den Teig mit der geschmolzenen Butter bepinseln.

3. Den Zimt gleichmäßig über den Teig streuen. Beginnt am langen Rand und rollt den Teig zu einer festen Rolle. Wenn ihr das Ende erreicht, befeuchtet den Rand mit Wasser, bevor ihr die Rolle verschließt. Die Rolle quer in 12 Scheiben schneiden und mit der Schnittfläche nach unten in die vorbereitete Auflaufform legen.

4. Die Form in den Ofen schieben und 25 Minuten lang backen. Die Zimtschnecken sind fertig, wenn sie goldbraun sind.

5. Aus dem Ofen nehmen und die Glasur über die warmen Schnecken träufeln. Sofort servieren.

6. Die Zimtrollen halten sich bei Zimmertemperatur in einem luftdichten Behälter oder verschlossenem Gefrierbeutel 3 Tage oder im Gefrierschrank bis zu 2 Monate.

BISCUITS mit DER TIGHTEN TUNKE

ERGIBT
10 BISCUITS

Wenn ihr schon einmal **IM SÜDEN DER USA** wart, habt ihr das hier sicher auf dem Frühstücksmenu gesehen. Ein echter Soul Food-Klassiker. Das Wichtigste ist, dass ihr die Biscuits richtig **FLUFFIG** hinkriegt. Und die Soße muss sein wie die Luft in einem Sommer im **SÜDEN** – extra tight. Esst nicht zu viel davon, sonst könnt ihr euren Hintern gleich wieder ins Bett schleppen. Das hier ist nichts für **SCHISSER**. Stellt euch direkt wieder ab.

FÜR

DIE BISCUITS

400g Weizenmehl
50g Stärke
1½EL Zucker
1EL Backpulver
¾TL Salz
540ml Sahne
1 großes Ei
¼TL Salz

FÜR

DIE TIGHTE TUNKE

450g rohe Bratwurst, grob
35g Weizenmehl
240ml Vollmilch
240ml Sahne
etwas Salbei
etwas Thymian
etwas Muskat
frisch gemahlener Pfeffer

DIE BISCUITS

1. Ein Backblech mit Backpapier auslegen.

2. In einer großen Schüzzil Weizenmehl, Stärke, Zucker, Backpulver und einen 3/4 TL Salz miteinander verquirlen. Die Sahne hinzugeben. Mit einem Holzlöffel oder den Händen die feuchten Zutaten mit den trockenen vermengen, bis ein klumpiger Teig entsteht.

3. Den Teig auf eine leicht bemehlte Arbeitsfläche geben und einige Male kneten, bis er glatt und nicht mehr klumpig ist; die Arbeitsfläche gegebenenfalls erneut bemehlen. Klopft den Teig vorsichtig zu einem Rechteck von etwa 2,5 cm Dicke. Mit einem bemehlten runden Keksausstecher (Durchmesser etwa 7,5 cm) Biscuits aus dem Teigrechteck ausstechen und auf das vorbereitete Blech legen. Die Reste einsammeln, erneut ausstechen.

4. Die Biscuits auf dem Backblech in den Gefrierschrank legen und 1 Stunde lang einfrieren.

5. Den Backofen auf 220°C vorheizen.

6. In einer kleinen Schüssel das Ei und 1/4 TL Salz verquirlen, bis alles gut vermischt ist. Die Biscuits aus dem Gefrierschrank nehmen und die Oberseite der gefrorenen Biscuits mit der Eimasse bestreichen.

7. Die Biscuits in den Ofen schieben (mittlere Schiene) und 5 Minuten lang backen. Die Temperatur auf 200°C reduzieren und weitere 13 Minuten backen. Die Biscuits sind fertig, wenn sie auf der Oberseite goldbraun und auf der Unterseite leicht gebräunt sind. Die Biscuits aus dem Ofen nehmen und 1 bis 2 Minuten auf dem Backblech ruhen lassen, bis ihr sie anfassen könnt, ohne euch zu verbrennen.

8. Zum Servieren die Biscuits mit den Händen aufbrechen, mit Butter bestreichen und mit Tunke übergießen.

9. Die Biscuits halten sich bei Zimmertemperatur in einem luftdichten Behälter oder Ziplock-Beutel 3 Tage lang oder im Gefrierschrank bis zu 2 Monate lang.

FÜR

DIE TIGHTE TUNKE

1

Eine große Bratpfanne bei mittlerer Hitze erwärmen. Die Wurst aus der Hülle drücken und in die Pfanne bröseln. Salbei, Thymian und Muskat dazugeben. Etwa 10 Minuten braten, bis das Fleisch nicht mehr rosa ist. Mit einem Holzlöffel das Fleisch weiter zerbröseln.

2

Die Wurstmasse mit dem Mehl bestreuen. Weiterbraten, bis das Mehl das Fett aufgesaugt hat, etwa 1 Minute. Rühren und langsam Milch und Sahne einträufeln. Die Hitze auf mittlere bis hohe Stufe erhöhen und unter ständigem Rühren 5 bis 10 Minuten köcheln lassen, bis die Masse eindickt.

3

Mit Pfeffer abschmecken (Salz ist wahrscheinlich nicht nötig; die Wurst sollte salzig genug sein) und sofort mit den Biscuits servieren.

4

Die Tunke hält sich abgedeckt bis zu 3 Tage im Kühlschrank. Auf dem Herd bei mittlerer Hitze oder in der Mikrowelle vorsichtig wieder aufwärmen.

OG Breakfast

ES GIBT EI, BABY

Meine Kinder sind jetzt erwachsen und raus aus meiner Hütte. Aber als sie jünger waren, gab es nichts Besseres als das klassische Frühstück, das meine Frau ihnen auftischte: Eier, Speck und Toast. Ihr könnt drauf wetten, dass ich mich gleich mit reingeschlichen hab, im Schlafanzug und allem Drum und Dran, um sicher zu sein, dass ich auch einen Teller davon bekomme. Guten Morgen, guten Morgen, guten Morgen Sonnenschein!

Das hier ist nicht wie am Frühstücksbuffet. Wir reden hier von deiner Mudder, meiner Mudder, Scheiße, jedermanns Mudder weiß, wie man so was schnell zusammenhaut. Und wenn ihr die Zeit nicht von der Sonnenuhr ablest, könnt ihr das hier auch nach einem nächtlichen Ausflug für eure Truppe auftischen, klar?

Knuspriger Bacon

Achtet darauf, dass ihr den Speck gut durchbratet. Wir wollen den knusprig haben.

4 PORTIONEN

ZUTATEN
8 Scheiben dick geschnittener Bacon

1. 4 Scheiben Bacon in einer einzigen Schicht in eine große Pfanne legen. Einen Teller mit Küchentüchern auslegen.
2. Die Hitze unter der Pfanne auf mittlere Stufe stellen. 4 bis 5 Minuten braten, bis der Speck braun und knusprig ist. Umdrehen und die andere Seite 4 bis 5 Minuten knusprig braten. Auf den vorbereiteten Teller geben und mit den restlichen Speckscheiben wiederholen.
3. Das Fett wird nicht mehr gebraucht
4. Mit Ashford und Simpson Eggs (gegenüber) und Toast servieren.

Ashford und Simpson Eggs

Ehrlich gesagt will mir nicht aufgehen, warum man Rührei ohne Käse essen sollte. Das perfekte Essensduo. Extrem gut gleich nachdem ihr eure Augen öffnet, wenn der Kikeriki kikerikit, oder kurz bevor ihr sie schließt und das Sandmännchen die Kontrolle übernimmt. Passt zusammen wie Erdnussbutter und Marmelade, wie Magic und Kareem, wie Cheech und Chong.

4 PORTIONEN

ZUTATEN

8	große Eier
100ml	Vollmilch
	Salt
	Frisch gemahlener Pfeffer
2EL	Butter
80g	geriebener Cheddar

1. In einer mittelgroßen Schüssel die Eier und die Milch verquirlen. Mit Salz und Pfeffer würzen. Mit einer Gabel gut verquirlen.

2. In einer großen Pfanne bei mittlerer Hitze die Butter schmelzen. Die Pfanne so schwenken, dass der Boden vollständig bedeckt ist.

3. Sobald die Butter aufgeschäumt ist, die Eier hineingeben. Während die Eier braten mit einem hitzebeständigen Spatel langsam die Ei-Ränder zur Mitte ziehen, bis die Masse fast fest ist, 2 bis 3 Minuten.

4. Nehmt die Pfanne vom Herd und streut den Käse über das Rührei. Der Käse sollte nach etwa einer Minute schmelzen. Abschmecken und bei Bedarf mit mehr Salz und Pfeffer würzen. Sofort mit knusprigem Speck (gegenüber) und Toast servieren.

Milliardärs-Bacon

Wenn du 'n echter Playa bist und deine Zeit nicht mit Normalo-Bacon verschwenden willst, brauchst du dieses Rezept. Einige Leute nennen es *Millionärs*-Bacon, aber ich sag: etwas schwarzer Pfeffer für den Rauch, ein bisschen Feuer von 'ner Menge Chiliflocken und ein Haufen braunen Zucker, weich wie die Stimme von D'Angelo – Leute, ihr habt euch grade einen Haufen von Uncle Snoopy's Millardärs-Bacon gebraten. Wie mein Kumpel Justin Timberlake und mein anderer Kumpel Sean Parker im Film *The Social Network* sagten: "Eine Million Dollar ist nicht cool. Weißt du, was cool ist? Eine Milliarde Dollar." Jetzt holt euch das und esst!

4 PORTIONEN

ZUTATEN

100g	brauner Zucker
1TL	frisch gemahlener Pfeffer
1TL	Chiliflocken
8	Scheiben dick geschnittener Bacon

1. Den Backofen auf 200°C vorheizen. Ein Backblech mit Alufolie auslegen und ein Drahtgitter auf die Folie legen.

2. In einer kleinen Schüssel den braunen Zucker, den schwarzen Pfeffer und die Chiliflocken verrühren.

3. Die Speckscheiben auf den Rost legen. Die braune Zuckermischung gleichmäßig auf dem Speck verteilen.

4. Das Backblech in den Ofen schieben (obere Schiene) und 25 bis 30 Minuten backen, dabei das Backblech nach der Hälfte der Backzeit drehen, um ein gleichmäßiges Garen zu gewährleisten. Der Speck ist fertig, wenn er knusprig und glasig ist.

5. Das Backblech aus dem Ofen nehmen und den Speck 5 Minuten lang auf einem Rost abkühlen lassen. Warm mit Ashford und Simpson Eggs (Seite 35) oder Mile-High Omelett (Seite 39) servieren.

SNOOP

Mile-High Omelett

Jetzt sitzt ihr also mit dem Milliardärs-Bacon rum und denkt: *Was könnte jetzt wohl noch kommen?* Tja, ein weiser Mann namens Meek hat mal gesagt, dass es bei allem mehrere Levels gibt ... sogar beim Frühstück. Also legen wir noch eins drauf, was meint ihr? Schürt die Pfanne, schneidet Zwiebeln, hackt den Speck, knackt Eier, und Baby, dann werden wir sie aufschlagen. So richtig aufschlagen. Direkt in die Pfanne, meine ich. Dann schnapp dir Mrs. Butterworth Frühstückssirup und gib dem Omelett damit den Gourmet-Touch. Das ist ein Frühstücksfestmahl für die Großen. Gönnt es euch, ihr habt's verdient.

2 PORTIONEN

ZUTATEN

4	große Eier
½TL	Salz
½TL	frisch gemahlener Pfeffer
2EL	Butter
40g	geriebener Cheddar
1EL	Schnittlauch in Röllchen
4	Streifen Milliardärs-Bacon (Seite 36), 2 ganze, 2 zerkrümelte

1. In einer Schüssel die Eier, 2 Esslöffel Wasser, Salz und Pfeffer verquirlen, bis die Mischung schaumig ist.

2. In einer großen Pfanne bei mittlerer bis hoher Hitze die Butter schmelzen.

3. Wenn die Butter schaumig ist, die Eimischung in die Mitte geben und die Pfanne schwenken, damit der Boden bedeckt ist.

4. Wenn die Eier zu stocken beginnen, die Ränder des Omeletts vorsichtig zur Mitte hin anheben, so dass das ungekochte Ei unter das Omelett und an den Rand der Pfanne fließt. Die Eier sind fertig, wenn der Boden fest ist und die Ränder knusprig aussehen (die Oberseite ist noch feucht), nach etwa 3 bis 4 Minuten.

5. Den Cheddar und den Schnittlauch in die Mitte des Omeletts streuen. Weitere 30 Sekunden garen. Legt 2 Scheiben Speck auf den Cheddar und den Schnittlauch.

6. Das Omelett in der Mitte falten. Kippt die Pfanne, um das Omelett an den Rand zu schieben, und legt es vorsichtig auf einen Servierteller.

7. Mit Pfeffer würzen und mit Schnittlauch und Speckwürfeln garnieren. Warm servieren.

OG MUNCHIES

*

BESTE FRÜHSTÜCKSFLÖCKCHEN

~ 1 ~

LUCKY CHARMS

Ich red' hier nicht von den bunten Diamanten in eurem neuen Zahnschmuck von Johnny Dang, sondern vom Frühstück, dass der kleine irische Kobold für euch bereit hält, und der hat da echt was am Laufen. Gibt doch nichts Besseres, als einen ganzen Löffel voll bunter Marshmallows. Oh, wow. Wenn das passiert wissta, dass die gute alte Glücksgöttin euch hilft, glaubt's mir!

~ 2 ~

HONEY NUT CHEERIOS

Cheerios gibt's in der gelben Schachtel, aber wir sind auf 'nem höheren Level. Wenn euch eine Schüssel mit diesen ollen O's nicht reicht, holt euch die Cheerios aus der braunen Schachtel. Ne süße Biene hat den O's einen Honigstich verpasst, der eure Geschmacksknospen zum Platzen bringt. Großartig, wenn ihr dieses gaaanz besondere Verlangen bekommt. Alles klar?

~ 3 ~

WHEATIES

Das Frühstück der Champions! Mittlerweile ist denen klar, dass sie den Big Boss Dogg schon vor Jahren auf ihrer Schachtel hätten zeigen sollen. Passt schon, bevor ich bei einem Promiturnier aufs Spielfeld schlendere, hol' ich mir eh immer 'ne ganze Schüssel voll. Was kommt als nächstes? *Snoop Dogg prizzentiert Weedies*. Das hört sich doch gut an.

~ 4 ~

FRUIT LOOPS

Tukan Sam hat mich schon als Kind mit dem bunte-Farben-Shit angelockt! Dabei schmecken alle Farben genau gleich! Das Beste an den Loops ist, danach die regenbogenfarbene Milch zu schlürfen. Big Snoopy ist im Herzen immer noch ein Welpe – sind wir das nicht alle? *Snoop Loops* gefällig?

~ 5 ~

PEANUT BUTTER CAP'N CRUNCH

Weiß nicht, ob sie jetzt nach Erdnussbutter oder doch eher nach Cap'n Crunch schmecken, aber die Flocken passen super zum Hunger nach etwas Grünzeug, und schon wacht ihr mit 'nem Haufen Krümel im Schoß wieder auf. WARNUNG: Wenn ihr zu viele davon mampft, wird euer Gaumen rauer als euer Arsch auf Asphalt. Der Dogg weiß Bescheid!

KAPITEL 2

Lunch

EINIGE MEINER denkwürdigsten Mittagessen fanden an meiner alten High School, der Long Beach Poly High, statt. Mann, ich und meine Kumpels hatten in der Mittagspause immer einen Mordsspaß. Wir haben in der Kantine gechillt, und ich habe meine Freestyle-Raps rausgehauen, während einer meiner Jungs den Beat auf die Tische geklopft hat. Das sind so meine ersten Erinnerungen daran, wie ich als Rapper richtig durchgestartet bin. Wenn wir nicht gerappt haben, haben wir uns gegenseitig auf die Schippe genommen, uns darüber lustig gemacht, was die Jungs anhatten, wie sie aussahen, was auch immer zu der Zeit angesagt war. Die einzigen schlechten Erinnerungen ans Schulessen? Das eigentliche Essen. Mann, war dieser Kantinenfraß ekelhaft! Ihr könnt mir glauben, dass sich mein Essensangebot bei jedem Schwänzen verbessert hat. Im nächsten Abschnitt erfahrt ihr, welche Art von Mittagsmahlzeiten ich heutzutage geniezzel …

Mörder Salat

Das Mittagsvergnügen der Bosse. Wenn ich an berühmte Gangster denke, fällt mir kein Geringerer ein als Vito Corleone, ja, der Pate, der GODFATHER. Nun wissen wir alle, dass Don Vito ein bisschen zu rund um die Hüften war. Aber ich ... der Doggfather? Man sagt nicht, ich sei 'ne Bohnenstange, weil ich so rundlich bin. Aber glaubt mir, ihr könnt bei einem Treffen mit den Bossen immer noch Gangsta sein, ohne gleich 'nen Teller Pasta zu schlürfen. Zeigt Ihnen, dass ihr auch Grünzeug verputzen könnt, und lasst sie wissen, dass auf eurer Seite des Tisches Playa sitzen. Wir haben die Salami und ihr könnt sicher sein, dass wir auch den Provolone bekommen. Also schnappt euch das schärfste Messer, das ihr habt, und fangt an zu schnippeln, *capice*?

2 PORTIONEN

FÜR DIE VINAIGRETTE:

120 ml Balsamico-Essig
240 ml Natives Olivenöl
1 EL Rotisseriesenf
1TL Oregano
Salz
Frisch gemahlener Pfeffer

FÜR DEN SALAT:

160 g Kalamata-Oliven, entkernt und kleingeschnitten
320 g Provolone, in kleinen Würfeln
340 g Salami, in kleinen Würfeln
½ Kopf Romanasalat, geschnitten
½ Gurke, in Scheiben
½ Tomate, in Scheiben
1 400 g Dose Kichererbsen, abgegossen

REZEPT FÜR DIE VINAIGRETTE:

In einer kleinen Schüzzil oder einem Glas mit Deckel den Essig, das Olivenöl, den Senf und den Oregano vermischen. Mit Salz und Pfeffer würzen. Verquirlen oder das Glas abdecken und kräftig schütteln, bis alles gut vermischt ist. Abschmecken und bei Bedarf mehr Salz und Pfeffer hinzufügen.

REZEPT FÜR DEN SALAT:

1. In einer großen Schüssel den Salat, die Gurke, die Tomate, die Kichererbsen, die Oliven, den Käse und die Salami vermischen.

2. Die Vinaigrette dazugeben (ggf. nochmals schütteln oder verquirlen), den Salat durchmischen, bis er gut mit dem Dressing bedeckt ist. Sofort servieren.

Der Königlich-Klassische Caesar

Nichts geht über einen klassischen Caesar zum Mittagessen.

2 PORTIONEN

FÜR DAS DRESSING:

2	Knoblauchzehen, fein gehackt
2 TL	Frischer Zitronensaft
1 EL	Dijonsenf
2 TL	Worcestersauce
240 g	Mayonnaise
80 ml	Olivenöl
15 g	geriebener Parmesan
1 TL	Sardellenpaste
½ TL	frisch gemahlener Pfeffer

FÜR DEN SALAT:

2	Hühnerbrustfilets
½ TL	Salz
½ TL	frisch gemahlener Pfeffer
2	Köpfe Romanasalat
40 g	Croutons
15 g	geriebener Parmesan
1EL	Schnittlauchröllchen
1	Zitrone, geachtelt

REZEPT FÜR DAS DRESSING:
In einer mittelgroßen Schüssel den Knoblauch, den Zitronensaft, den Senf und die Worcestersauce verquirlen, bis die Sauce glatt ist. Die Mayonnaise, das Olivenöl, den Parmesan, die Sardellenpaste und den Pfeffer unterrühren.

REZEPT FÜR DEN SALAT:

1. Eine Grillpfanne mittel bis hohe erhitzen.

2. Die Hähnchenbrüste gleichmäßig mit Salz und Pfeffer bestreuen. Legt das Hähnchen in die Pfanne. 4 bis 5 Minuten pro Seite anbraten, oder bis die Innentemperatur 75°C erreicht hat. Gut durchgaren! Vollständig abkühlen lassen. Jede Brust in sechs Scheiben schneiden.

3. Die Romanablätter auf dem Teller anrichten. Mit den Croutons und den Hähnchenscheiben belegen. Mit Parmesan und Schnittlauch bestreuen. Mit Dressing beträufeln und mit den Zitronenspalten garniert sofort servieren.

FLIP DAS DING

Wie macht Bigg Snoop aus dem klassischen Caesar was ganz Neues? Er tauscht die Hähnchenbrust gegen reichlich Get Tha Chip Fried Chicken Wings (Seite 80) aus. Dieses Stück Fleisch ist etwas leichter zu kauen. Es ist weicher. Also schneide ich das Fleisch vom Knochen und streue, ja, ich sagte S-C-H-T-R-O-I-I-E, es auf den knackigen Salat. Super einfach ... superlecker.

Der Lunch Breaker

Komm schon, Kumpel ... wir machen uns hier nichts vor. Lügen uns nichts in die Tasche. Ihr wisst, dass ihr in eurer Mittagspause nicht wirklich losrennt, um euch was Gutes zu essen zu holen. Ihr geht nur kurz raus, um 'ne Runde zu rauchen. Das wissen wir doch. Ist cool, tut das. Ich mach keine Witze. Aber an den Tagen, an denen ihr wirklich arbeiten müsst und nicht mal eine Minute Zeit habt, um etwas zu essen, schnappt euch ein paar Äpfel, ein paar Weintrauben, ein bisschen hiervon und ein bisschen davon, gemischt mit etwas Honig und Erdnussbutter ... jetzt habt ihr die Energie, um euch den Rest des Tages mit euren langweiligen Mitarbeitern herumzuschlagen. Und hey, wischt nochmal unter den Achseln durch, bevor ihr wieder losmalocht, ihr wollt euren Job doch behalten, oder? Jetzt klappt den Kragen hoch und lasst den Laptop die Arbeit machen.

1 PORTION

ZUTATEN

1	Apfel, entkernt und in Spalten geschnitten
1	Banane, in Scheiben
1 Rebe	Trauben
2 EL	Honig
3 EL	Erdnussbutter

1. Den Apfel, die Banane und die Trauben auf einem Teller verteilen.

2. Mit Honig beträufeln und nach Lust und Laune in die Erdnussbutter tunken.

Sensationelles Sub-Sandwich

Ist es ein Sub, ein Hoagie, ein Hero oder ein Po'boy? Wenn man, wie ich, oft durch die USA reist, hängt der Name des Brötchens wirklich davon ab, in welcher Stadt die Show jeweils stattfindet. Egal: wenn man etwas Salami, Provolone und scharfe Paprika darauf gibt, dann hat jedes Teilchen den Gangsta-Appeal. Ich esse sowas, wenn ich gerade straight im Business-Modus bin, so nach dem Motto: "Ich hör dir nicht zu, du hörst MIR zu". Aber bevor ihr es zu sehr auf die Spitze treibt, solltet ihr sicherstellen, dass ihr die richtige Art von Brot habt, Bros. Wie sagten die älteren Homies, die in meinem Block am hustlen waren, als ich noch ein junger Kerl war? "Es geht immer ums Brot." Macht euch nichts draus, wenn euer Aufschnitt nicht auf Don-Corleone-Niveau ist - solange ihr eine Kombination aus hartem und würzigem, weichem und buttrigem Aufschnittscheiben und ein frisches Baguette habt, bekommt ihr ein Sandwich, das jederzeit eines Bosses würdig ist.

2 PORTIONEN

FÜR DAS SUB:

1 40 cm Baguette oder 2 Baguettebrötchen (20 cm), aufgeschnitten
Mayo (falls ihr mögt)
4 Scheiben Mortadella oder Lyoner
6 Scheiben scharfer Coppa
6 Scheiben toskanische Soppressata
6 Scheiben Salami
8 Scheiben Provolone

FÜR DEN BELAG:

Geschnittene Tomate
Geschnittener Eisbergsalat
Geschnittene rote Zwiebel
Rohe Peperoncini in Scheiben (falls ihr mögt)
Natives Olivenöl extra
Rotweinessig
Oregano
Salz
Frisch gemahlener Pfeffer

REZEPT FÜR DAS SUB:

1. Mayo auf die Innenseiten der Brote streichen (so viel ihr mögt).

2. Mortadella, Coppa, Soppressata und Salami mittig ins Brot schichten, so dass die Ränder überlappen und über den Rand des Subs lappen.

3. Den Provolone auflegen.

DAS SUB FERTIGSTELLEN:

1. Mit Tomate, Salat, roter Zwiebel und Peperoncini (falls verwendet) belegen.

2. Mit dem Olivenöl und Rotweinessig beträufeln, wie ihr es mögt. Eine großzügige Prise Oregano hinzufügen und mit Salz und Pfeffer würzen. Sofort servieren, wenn ihr so lange warten könnt.

Original Gangsta Gegrilltes Lyoner-Sandwich

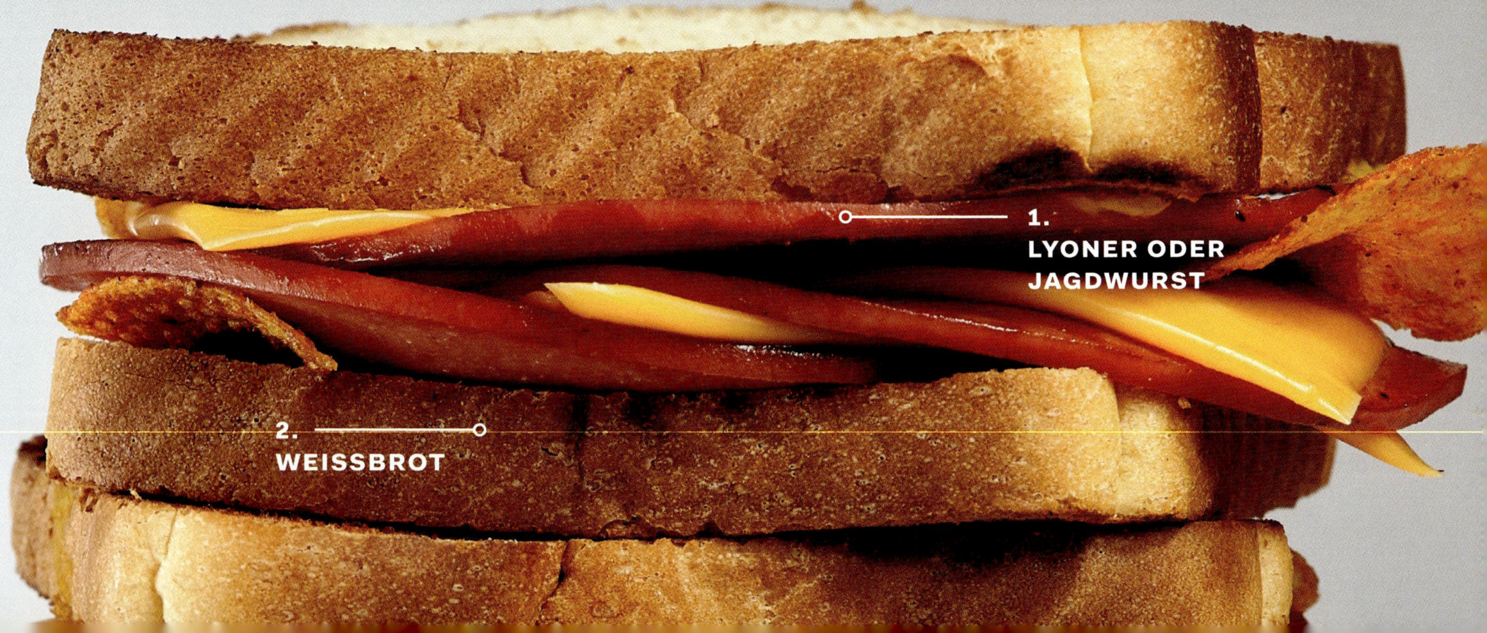

3.
SENF
4.
GOUDA
5.
BARBECUE
KARTOFFELCHIPS

MISSIS-SIPPI CATFISH SANDWICH

4 PORTIONEN

Das erinnert mich immer an die Besuche bei meiner Familie in Mississippi. Wenn ich mich dort mit der Verwandtschaft hinsetze, gibt es auf jeden Fall **CATFISH** (Wels) und ein paar **HUSH PUPPIES**, könnt ihr glauben. Das ist schon so, seit ich mich erinnern kann. So gut wie jeder hier in **CALI** hat Großeltern, die von irgendwo im Süden in den Golden State gezogen sind. Eigentlich haben wir alle dort angefangen.

Glaubt mir, gebratenen Fisch haben wir hier an der Küste auch. Wenn ihr in Mississippi Wels und Hush Puppies esst, ist es, als ob ihr in eine längst vergangene Zeit zurückversetzt werdet. Im Laufe der Jahre haben mir ’ne Menge Musikjournalisten gesagt, dass ich eine **ALTE SEELE** zu haben scheine – irgendwie mit der Vergangenheit verbunden. Naja, wenn die mich mal sehen würden, wie ich im Garten meiner Familie sitze und ein **WELS-SANDWICH** mit scharfer Soße mampfe, wüssten sie sicher, warum.

FÜR DIE

SAUCE TARTARE

120 g	Mayonnaise
2 EL	fein gehackte Cornichons oder Gewürzgurken
1 EL	fein gehackter Dill
2 TL	Gewürzgurkenwasser
	Salz
	Frisch gemahlener Pfeffer

FÜR DIE

CATFISH SANDWICHES

105 g	Weizenmehl
105 g	feines Maismehl
¼ TL	Cayennepfeffer
250 g	Welsfilet, halbiert (als Ersatz: Pangasius)
2	Eier, verquirlt
	Salz
	Frisch gemahlener Pfeffer
	Brat- oder Frittieröl
4	weiche Baguettebrötchen
4	Blätter Romanasalat
	Hot Sauce (wenn ihr mögt)

ZUR ZUBEREITUNG DER

SAUCE TARTARE

In einer kleinen Schüssel Mayonnaise, Essiggurken, Dill und Essiglake verrühren. Mit Salz und Pfeffer würzen. Erneut umrühren.

Abdecken und bis zur Verwendung im Kühlschrank aufbewahren.

ZUR ZUBEREITUNG DER

CATFISH SANDWICHES

1

Das Mehl in eine flache Schüssel geben. Maismehl und Cayenne in eine andere flache Schüssel geben und mit einem Schneebesen vermengen. Die Eier in eine dritte flache Schüssel geben. Jede Schüssel mit Salz und Pfeffer würzen und mit dem Schneebesen durchmischen.

2

Die Welsfilets nacheinander in das Mehl tauchen, in das Ei tauchen, den Überschuss zurück in die Schüssel tropfen lassen und mit der Maismehlmischung bedecken.

3

In einen Topf mit schwerem Boden oder einer Fritteuse das Bratöl etwa 7,5 cm hoch einfüllen. Bei starker Hitze auf 190 °C erhitzen. Einen Teller mit Papiertüchern auslegen und bereitstellen.

4

Den Fisch vorsichtig in das heiße Öl geben. 5 bis 7 Minuten frittieren, dabei nach der Hälfte der Garzeit einmal wenden, bis er überall goldbraun ist. Den gegarten Fisch zum Abtropfen auf den vorbereiteten Teller geben.

5

Toastet die Sandwich-Brötchen, wenn ihr sie so mögt, und bestreicht beide Hälften der Brötchen mit Sauce Tartare. Jedes Sandwich mit 1 Stück Wels und 1 Salatblatt belegen. Sofort servieren und nach Belieben mit scharfer Soße beträufeln.

Caribbean Queen Cubano

Miami ist nicht nur die Heimat von Rick Ross, DJ Khaled und Uncle Luke, sondern auch von einigen der krassesten Clubs, in denen ich je war. Es ist, als ob Puffy dort jedes verdammte Wochenende eine Party schmeißt. Diese Stadt ist mit keiner anderen in den Staaten zu vergleichen. Der Latin-Flavor ist real, die Inseln sind total dope, und die Stimmung ist einfach sexy. Ich liebe es, in einen dieser Oldtimer zu steigen und wie ein echter Boss durch South Beach oder Star Island zu fahren. Aber es geht nicht nur um die Frauen und das Wetter, Bro Bro: wenn man in Rom ist, sollte man sich besser so verhalten, wie ein Römer. Und von den Kolumbianern bis zu den Dominikanern und den Puertoricanern bis zu den Haitianern und Jamaikanern - diesen Geschmack bekommt ihr nirgendwo anders in eurem Essen. Und nichts drückt den Flavor von Miami besser aus als ein altmodisches Cubano-Sandwich. Es ist reich an Schinken und hat einen tollen Geschmack. Wenn ihr kein geschnetzeltes Schweinefleisch an Deck habt, nehmt besser doppelt so viel Schinken. Ja, doppelter Genuss, doppelter Spaß. Warum nicht?

2 PORTIONEN

ZUTATEN

2EL	Dillgurkenwasser
2	Dillgurken in Scheiben
2	krosse Baguettebrötchen, halbiert
	Feiner Senf
	Mayonnaise
8 Scheiben	Schweizer Käse
8 Scheiben	Schinken, dick geschnitten
300 g	Pulled Pork
55 g	Butter (und noch etwas mehr zum Bestreichen der Sandwiches)

1. Die Innenseiten der Brötchen mit dem Gurkenwasser beträufeln.

2. Die Brötchen mit einer dünnen Schicht Senf und Mayonnaise bestreichen.

3. Jeweils 2 Scheiben Schweizer Käse auf beide Seiten der Brötchen legen. Den Käse auf beiden Seiten gleichmäßig mit Dillgurken belegen.

4. Jedes Brötchen mit je 2 Schinkenscheiben belegen. Den Schinken gleichmäßig auf jedem Brötchen auf einer Seite mit der Hälfte des Pulled Pork belegen. Die Brötchenhälften aufeinanderlegen. Bestreicht die Oberseite jedes Brötchens mit einer dünnen Schicht Butter.

5. In einer großen Pfanne bei mittlerer Hitze 4 Esslöffel die Butter schmelzen.

6. Wenn die Pfanne heiß ist und die Butter aufschäumt, die Sandwiches hineingeben. Legt eine saubere gusseiserne Pfanne auf die Sandwiches oder verwendet einen großen beschwerten Teller (die Sandwiches sollte man gleichmäßig andrücken, um sie zu plätten). 3 bis 4 Minuten backen. Den Rand des Sandwiches mit einem Spatel anheben, um zu prüfen, ob die Unterseite goldbraun und knusprig und der Käse vollständig geschmolzen ist. Umdrehen und weitere 3 bis 4 Minuten backen, dabei erneut prüfen.

7. Die Sandwiches aus der Pfanne nehmen, quer halbieren und sofort servieren.

No Limit Po' Boy

In New Orleans, dem Big Easy, nennt man die langen Sandwiches Po' Boys. Und ich hab 'ne Menge Zeit unten in Louisiana verbracht. Shout out an den No Limit General Master P! Der Big Homie hat mir beigebracht, wie man mit dem "Geschäft" im "Showgeschäft" umgeht, und schon bald war ich der größte Fisch, sogar in diesem riesigen Teich. Meine Zeit in Chopper City* lehrte mich, dass Shrimps nicht nur zum Dippen da sind. Man kann sie mit ein wenig Mayonnaise auf ein Riesensandwich legen, und wenn man sie wie der große alte Snoopy D-O-double-G zubereitet, dann sagen alle uhh (uhh), Na-nah na-nah (na-nah na-nah). Dieser Geschmack kennt wirklich keine Grenzen.

*Spitzname für New Orleans

4 PORTIONEN

FÜR DIE SHRIMPS:

140 g Weizenmehl
140 g feines Maismehl
1 TL Cayennepfeffer
1 TL Knoblauchpulver
Salz
Frisch gemahlener Pfeffer
240 ml Buttermilch
500 g geschälte und geputzte Shrimps
Frittieröl

FÜR DIE PO' BOYS:

4 knusprige Baguettebrötchen, halbiert
Mayonnaise
Hot Sauce
1 Tomate in feinen Scheiben
50 g Eisbergsalat, fein geschnitten
Gurkenrelish zum Servieren

UM DIE SHRIMPS ZU PANIEREN:

1. In einer großen Schüssel Mehl, Maismehl, Cayennepfeffer und Knoblauchpulver verrühren. Mit Salz und Pfeffer würzen. Erneut alles gut vermischen. In eine große flache Schüssel umfüllen. Eine weitere große flache Schale neben die Mehlmischung stellen und die Buttermilch hineingeben. Neben die beiden Schüsseln ein Drahtgestell oder eine Pfanne stellen, auf die ihr die panierten Shrimps legt.

2. Taucht die Shrimps in die Buttermilch. Jeweils eine Handvoll herausheben und die überschüssige Milch zurück in die Schüssel tropfen lassen. Die Shrimps mit der Mehlmischung panieren, dann auf einen Gitterrost oder eine Pfanne legen und den Vorgang mit den restlichen Shrimps wiederholen.

ZUM BRATEN DER SHRIMPS:

1. In einer tiefen Pfanne bei starker Hitze 5 cm Frittieröl auf 190°C erhitzen. Ein Drahtgitter über einen Teller legen oder einen Teller mit Küchentüchern auslegen.

2. Die Shrimps vorsichtig in das heiße Öl geben (nicht zu viele auf einmal sonst werden sie fettig).

3. Die Shrimps 3 bis 4 Minuten lang goldbraun braten. Sobald die Shrimps gar sind, mit einem großen Schaumlöffel zum Abtropfen auf das vorbereitete Gitter oder die Küchentücher geben.

FÜR DIE ZUBEREITUNG DER PO' BOYS:

1. Toastet die Brötchen, wenn ihr sie gerne getoastet habt.

2. Bestreicht beide Schnittflächen der Brötchen mit Mayonnaise und Hot Sauce.

3. Jedes Brötchen mit gebratenen Krabben, Tomaten und Salat belegen. Sofort mit Gurkenrelish und extra scharfer Soße servieren.

OG MUNCHIES
*
BESTE KARTOFFELSNACKZ

~ 1 ~

LAY'S BARBECUE KARTOFFELCHIPS

Es wird immer besser: diese BBQ-Kartoffelchips sind die raffiniertere Version der billigen Chips, die wir früher gekauft haben. Wenn ihr cool seid, könnt ihr sie zerbröseln und eure gebratenen Hähnchenflügel damit panieren.

~ 2 ~

FRITO'S HONEY BBQ FLAVOR TWISTS

Der ultimative Snack. Der Grillgeschmack ist unvergleichlich und die Twists sind ordentlich knusprig. Ich kann nie nur eine Handvoll oder zwei essen – es müssen vier oder fünf sein, besser die ganze Tüte.

~ 3 ~

PRINGLES

Es geht nichts über den OG-Chip. Lange bevor sie eine Million verschiedener Geschmacksrichtungen erfanden, brachte Pringles die super Salzigen aus der Dose ins Spiel. Ich fand es toll, dass die Verpackung so komplett anders war. Und die leeren Dosen waren ein guter Platz, um das Geld und Gewürze aufzubewahren. Ihr wisst alle, wovon ich spreche.

~ 4 ~

FLAMIN' HOT CHEETOS

Ihr wisst schon. Für Ghetto-Gourmets. In jedem Ghetto der USA. Aber wie mein Kumpel Darius in der Fernsehsendung Atlanta fragte: "Nach was schmeckt eigentlich ein Flamin' Hot Cheeto?" Wissbegierige Gangsta wollen es wissen!

~ 5 ~

CHIPS AND SALSA

Wir in Kalifornien sind down mit den Mexikanern. Also essen wir Tacos und so mit diesen Homies. Die haben uns das Snack-Game gezeigt und wann immer uns der Hunger zwickt, sind wir dabei!

KAPITEL 3

Abend-
essen

ALS KIND auf der Eastside von LBC aufgewachsen, wusste ich alles, was es über ein günstiges Abendessen zu wissen gab. Das war weit entfernt von gutem Surf 'n' Turf, aber meine Mama wusste immer, wie man ein Soul Food zaubert, das uns satt machte. Jahre später, als ich und meine Kumpels Warren G und Nate Dogg an unserem Demotape arbeiteten, haben wir immer ein paar Dollar zusammengeschmissen, um uns ein Essen bei Popeyes zu teilen. In Anbetracht meiner Vergangenheit in diesem Spiel ist es nur recht und billig, dass ich 'n paar Rezepte für den kleinen Geldbeutel beisteuere. Klar gibt's heutzutage Zeiten, in denen ich wie ein Don essen muss. Und wenn ich mir meine Lieblings-Gangsterfilme so ansehe, essen die Gangsterbosse immer ein paar wirklich erstklassige, raffiniert zubereitete Gerichte. Ich spreche von feinstem Steak, frischestem Hummer, so Zeug. Um das Gleichgewicht zu halten, steuer' ich ein paar meiner eigenen High-End-Rezepte bei, die ich mir nur dann bau', wenn ich im Don-Doggy-Modus bin.

Letztes Shrimp Alfredo Abendmahl

Bleibt cool! Ich weiß, dass dieses Gericht seinen Namen mit dem fiesen Verräter Fredo in *Der Pate* teilt. Aber wenn's an der Zeit ist, sich wie ein Boss zu ernähren, halten wir den Tisch vom Doggfather von Losern frei. Wenn ihr also euer Team zum Essen einladet, darf der Wein nicht aufhören zu fließen und das Essen sollte so niveauvoll sein wie die Gangsta am Tisch. Na los, nehmt euch 'nen Stuhl, steckt euer Lätzchen rein und setzt euch. Wir werden noch 'ne Weile hier sein.

4 BIS 6 PORTIONEN

ZUTATEN

500 g	Linguini oder Fettuccini
1	Zitrone
4 EL	Butter
4	Knoblauchzehen
500 g	geschälte & gesäuberte Shrimps
420 ml	Sahne
30 g	geriebener Parmesan
	Frisch gemahlener Pfeffer
	Salz

1. Einen großen Topf mit stark gesalzenem Wasser zum Kochen bringen. Die Nudeln kochen, bis sie bissfest sind. Abgießen und die Nudeln wieder in den Topf geben.

2. Während die Nudeln kochen, mit einer Raspel die Zitronenschale abreiben. Die Zitrone in 6 mm dicke Scheiben schneiden und alle Kerne entfernen.

3. Die Butter in einer großen Pfanne bei mittlerer Hitze schmelzen. Der Boden muss vollständig bedeckt sein.

4. Wenn die Pfanne heiß ist und sich der Schaum gelegt hat, den Knoblauch und die Zitronenscheiben hinzufügen. Etwa 5 Minuten unter gelegentlichem Rühren braten, bis sie leicht gebräunt sind und duften.

5. Die Shrimps hinzugeben. Unter ständigem Rühren 2 bis 3 Minuten braten, bis sie gerade so fest werden. Mit einem Schaumlöffel oder einer Grillzange die Shrimps auf einen Teller geben. Die Zitrone und den Knoblauch wegwerfen, dabei so viel von der Butter und dem Saft wie möglich in der Pfanne lassen.

6. Die Pfanne auf niedrige Hitze stellen. Die Sahne und 1 Teelöffel Salz hinzugeben. Zum Köcheln bringen. 4 bis 6 Minuten kochen lassen, bis die Flüssigkeit reduziert ist.

7. Die gekochten Shrimps, den Parmesan und die geriebene Zitronenschale unterrühren. Den Inhalt der Pfanne in den Topf mit den gekochten Nudeln schütten und gut umrühren, um sie zu vermengen. Sofort servieren, mit reichlich Pfeffer würzen und nach Belieben mit zusätzlichem Parmesan bestreuen.

Spaghetti à la Hood

PIMP DAS DING

Wenn ihr heiß auf Knoblauchbrot zu eurer Pasta seid, schneidet euch ein paar Scheiben Weißbrot, das ihr gerade zur Hand habt, zerdrückt ein paar Knoblauchzehen mit etwas Salz und streicht sie zusammen mit etwas Butter auf die Scheiben. Toastet sie ein paar Minuten lang unter dem heißen Grill – und dann nichts wie rein damit!

Ohren auf! Wir machen Spaghetti und Fleischbällchen bei uns in der Hood ein bisschen anders. Viele von euch machen erst die Nudeln, gießen vorsichtig die Soße darüber und fummeln ein paar riesige Fleischbällchen zusammen, die sie dann oben drauf werfen. Wir haben keine Zeit für sowas: Schmeißt einfach alles in den Topf und probiert mal, wie gut der Mix schmeckt. Von NYC bis LBC, wer in der Hood ist, mag diese Spa-geht-ti. Ein bisschen Käse drüber streuen, schon kann's losgehen. Das sagt euch der Gourmet-Dogg!

4 PORTIONEN

ZUTATEN

500 g	Rinderhack
150 g	Semmelbrösel
1 EL	frisch gehackte Petersilie
	Frisch geriebener Parmesan
1	Ei, verquirlt
60 ml	Olivenöl
140 g	Zwiebel, fein gehackt
4	Knoblauchzehen, fein gehackt
2	große Dosen Tomaten
1TL	Zucker
1	Lorbeerblatt
170 g	Tomatenmark
500 g	Spaghetti
	Frisch geriebener Pfeffer
	Salz

1. In einer großen Schüssel das Rinderhack, die Semmelbrösel, die Petersilie, den Parmesan, Salz, Pfeffer und das verquirlte Ei gut mischen, um die Zutaten zu verbinden. Die Fleischmischung zu 12 tischtennisballgroßen Kugeln formen.

2. Einen großen Pott auf dem Herd auf mittlere Hitze stellen. Wenn der Topf heiß ist, die Fleischbällchen hineingeben, dabei darauf achten, dass sie nicht zu eng liegen. Unter gelegentlichem Wenden 7 bis 8 Minuten braten, bis sie gebräunt sind. Mit einer Schaumkelle die Fleischbällchen herausnehmen. Das Fett im Topf wegschütten.

3. Den Topf wieder auf mittlere Hitze stellen und das Olivenöl hinzufügen.

4. Sobald der Topf wieder heiß ist, Zwiebel und Knoblauch hinzufügen. 4 bis 5 Minuten sautieren, bis die Zwiebel glasig ist. Tomaten, Zucker und Lorbeerblatt einrühren. Abschmecken und bei Bedarf nachsalzen. Den Topf abdecken und die Hitze auf niedrige Stufe stellen. 30 Minuten lang köcheln lassen.

5. Tomatenmark einrühren, Fleischbällchen dazugeben, wieder zum Köcheln bringen. Weitere 30 Minuten köcheln lassen.

6. Während die Soße kocht, die Spaghetti in einen großen Topf mit stark gesalzenem Wasser kochen, bis sie bissfest sind. Die Nudeln abgießen und zu den Fleischbällchen und der Soße in den Topf geben. Vorsichtig umrühren, damit die Nudeln mit der Sauce bedeckt sind.

7. Spaghetti und Fleischbällchen nach Belieben mit Knoblauchbrot servieren.

Return of the MACK and CHEESE

4 BIS 6 PORTIONEN

Ein weiteres Südstaaten-Grundnahrungsmittel. Wenn ihr in einem Soul-Food-Lokal keine richtig dicken, richtig käsigen Makkaroni serviert bekommt, sind die da auf dem falschen Dampfer und ihr solltet euch dünn machen. Ein großes Lob an Edna Lewis, die dazu beigetragen hat, dass **UNSER** Essen in diese Art von Kochbüchern kommt. Ihr wisst schon, das Zeug, das **WIR** essen.

Also, es gibt klassische Makkaroni mit Käse und dann gibt es Boss Lady's **MACK AND CHEESE**. Yep, dieses Rezept wurde von meiner Frau Shante Broadus, auch bekannt als "**THE BOSS LADY**," inspiriert. Sie weiß, dass der Weg zum Herzen eines Doggs durch seinen Magen führt – und deshalb bereitet sie jede Menge von diesem käsigen Leckerbissen zu, damit **DER DOGG** immer wieder zu ihr kommt und nach mehr bettelt. Sie kennt einfach meinen Geschmack und kocht es immer so, dass es genau so schmeckt, wie ich es mag. Ich wette, du kannst es nicht so gut wie sie. Was ist so besonders an den Mack and Cheese von meiner Süßen? Ganz einfach, sie sind genau wie deine Nikes nach dem Joggen: **KÄSIG** wie ein Mofo.

500 g	Makkaroni	80 g	Saure Sahne
500 ml	Vollmilch	1 TL	Frisch gemahlener Pfeffer
240 ml	Sahne	2 TL	Senfpulver
55 g	Butter	½ TL	Muskatnuss, gemahlen
35 g	Mehl	2 EL	Worcestersauce
400 g	geriebener reifer Cheddar	¼ TL	Cayennepfeffer
			Salz

1. Heizt den Ofen auf 200°C vor, mit dem Rost in der mittleren Position. Eine Auflaufform, ca. 23 x 33 cm, leicht mit Butter einfetten und beiseite stellen.

2. Bringt einen großen Topf mit stark gesalzenem Wasser zum Kochen. Die Makkaroni hineingeben und bissfest kochen. Abgießen.

3. Milch und Sahne in einem kleinen Topf bei mittlerer Hitze erwärmen, dabei darauf achten, dass sie nicht kochen.

4. Währenddessen in einer großen Pfanne die Butter schmelzen. Das Mehl unter ständigem Rühren einstreuen. Nach und nach die erwärmte Milch einrühren. Unter häufigem Rühren 2 Minuten lang kochen, bis die Masse dickflüssig und glatt ist. Die Hitze dabei so einstellen, dass die Milch nicht kocht.

5. Nach und nach 200 g des Cheddars hinzugeben und verrühren, bis er vollständig aufgelöst und glatt ist. Die saure Sahne hinzugeben und mit dem Schneebesen glatt rühren. Pfeffer, trockenen Senf, Cayennepfeffer und Worcestersauce hinzufügen. Mit Salz abschmecken.

6. Die gekochten Makkaroni in die Käsesoße geben und verrühren. Die Mischung in die vorbereitete Auflaufform löffeln. Gleichmäßig mit den restlichen 200 g Käse bestreuen. 25 bis 30 Minuten backen, bis die Makkaroni goldbraun blubbern. Warm servieren.

7. Wenn ihr die Mack and Cheese nicht am selben Tag serviert, könnt ihr sie zugedeckt im Kühlschrank bis zu 3 Tage aufbewahren – oder im Gefrierschrank bis zu 2 Monate.

Next Level Lachs

Jetzt mal ehrlich: heutzutage ist Lachs nicht mehr wirklich was Besonderes. Fast ein bisschen abgesoffen, hm? Was früher ein echtes Markenzeichen für ein hohes Maß an Kultiviertheit war, ist heute nicht mehr so respekteinflößend. Wenn ihr also noch ein Filet von diesem *pescado passé* habt, ruft ihr Onkel Snoopy an, damit er es euch richtig zubereitet. Ein wenig Honigsenf und ihr werdet das Übliche weit hinter euch lassen. Ich finde, dass etwas Grünzeug so eine Mahlzeit perfekt abrundet – nein, nicht meine üblichen grünen Kräuterlinge, sondern eine Pfanne mit grünen Bohnen. Kein Stromaufwärtsschwimmen mehr für das perfekte Dinner, jetzt geht ihr mit dem Flow, ooh-jaaaa …

4 PORTIONEN

FÜR DEN LACHS:

3 EL	Rotisseriesenf
1 EL	Honig
2 TL	Weißweinessig
4	Lachsfilets ohne Haut, je ca. 150 g
	Salz
	Frisch gemahlener Pfeffer
1 EL	Frisch gehackte Petersilie

FÜR DIE BOHNEN:

350 g	geputzte grüne Bohnen
2	Knoblauchzehen
2 EL	Olivenöl
	Salz
	Frisch gemahlener Pfeffer

UM DEN LACHS ZUZUBEREITEN:

1. Den Ofen auf 220°C vorheizen. Ein hohes Backblech mit Backpapier auslegen.

2. In einer großen Schüssel Senf, Honig und Essig zu einer glatten Sauce verrühren.

3. Die Lachsfilets von allen Seiten mit Salz und Pfeffer würzen. In die Schüssel geben und in der Sauce schwenken, bis sie gleichmäßig bedeckt sind. Die Lachsfilets auf das vorbereitete Backblech legen und in einer Reihe entlang einer der kurzen Seiten des Blechs anordnen. Die in der Schüssel verbliebene Sauce über die Filets träufeln.

UM DIE BOHNEN ZUZUBEREITEN:

1. In einer mittelgroßen Schüssel die grünen Bohnen und den in feine Scheiben geschnittenen Knoblauch vermengen. Mit dem Olivenöl beträufeln und schwenken, bis sie gleichmäßig bedeckt sind. Die Bohnen in einer einzigen Schicht auf dem verbleibenden Platz auf dem Backblech verteilen. Mit Salz und Pfeffer würzen.

2. Das Blech in den Ofen schieben und backen, bis die grünen Bohnen zart und an den Rändern goldbraun sind und der Lachs außen leicht gebräunt und innen gar ist, 10 bis 14 Minuten, je nachdem, wie gut ihr euren Lachs zubereitet haben möchtet (etwa 10 Minuten für medium; 14 Minuten für gut durch).

3. Das Backblech aus dem Ofen nehmen. Den Lachs und die grünen Bohnen auf vier Servierteller verteilen und vor dem Servieren mit der Petersilie bestreuen.

Down Under Hummer Thermidor

Hab' ich zum ersten Mal in Australien gegessen. Normalerweise fahr' ich etwa einmal im Jahr dorthin. Damals waren wir auf einer großen Tournee. Eine große, riesige Tournee. Bow Wow, Nelly, Fat Joe, The Game, Busta Rhymes, Ciara – es war einfach jeder da draußen. Wir waren im Versace Hotel; ein Sieben-Sterne-Hotel, in dem alles von Versace ist: das Glas, die Böden, die Aschenbecher, die Handtücher, die Socken, die Bademäntel, die Spiegel – alles ist von Versace. Es ist eines dieser Hotels, bei denen man weiß, dass sie nicht jeden reinlassen; da muss man jemand sein.

Wir hatten also was ganz Normales aufs Zimmer bestellt, aber dann sagte mir der Koch, ich sollte auf jeden Fall den Hummer Thermidor probieren. Und ich so: "Na gut, bringen Sie's hoch." Und ich sag's euch, das Zeug war sooo gut. Als ich zurück in den Staaten war, hab' ich versucht herauszufinden, wo ich es bekommen könnte. Hab ich auch gefunden, aber der schmeckte null wie der in Australien. Also habe ich es in wahrer Boss Dogg-Manier selbst gemacht und mein eigenes Aroma hinzugefügt, um ihm den Geschmack zu geben, den ich suchte. Und nachdem ich's ein paarmal probiert hatte, war ich der Meister darin. Ich hab' es einer Menge Leuten serviert, und es ist jetzt eines meiner beliebtesten und besten Gerichte ever. Von mir für euch ... guten Appetit!

FLIP DAS DING

Ich serviere die Hummerscheren am liebsten im Ganzen, damit wir uns alle gemeinsam darüber hermachen und es am Tisch so richtig krachen lassen können.

6 PORTIONEN

ZUTATEN

3	Hummer à ca. 600 g
4 EL	Butter
3	Knoblauchzehen
2	Schalotten
35 g	Weizenmehl
80 ml	Trockener Weißwein
1 TL	Senfpulver
480 ml	Sahne
1 TL	Salz
½ TL	frisch gemahlener Pfeffer
80 g	geriebener Gruyère
30 g	geriebener Parmesan
60 g	zerriebene Cracker
10 g	gehackte Petersilie
50 g	fein gehackte Frühlingszwiebeln (weiße und hellgrüne Teile)

1. Füllt eine große Schüssel mit Eis und Wasser. Legt ein Backblech mit Alufolie aus.

2. Füllt einen großen Suppentopf zu drei Vierteln mit Wasser und bringt es zum Kochen. Die Hummer hinzufügen. 8 bis 10 Minuten kochen, bis sie rot werden. Die Hummer in das Eisbad geben, um den Kochvorgang zu stoppen.

3. Wenn sie abgekühlt sind, halbiert die Hummer mit einem scharfen Messer der Länge nach. Das Fleisch herausnehmen und in eine kleine Schüssel geben. Die Innereien herausnehmen und entsorgen. Die Hummerschalen abspülen und auf das vorbereitete Backblech legen.

4. Den Grill vorheizen und einen Rost in die mittlere Position schieben.

5. In einer Pfanne bei mittlerer Hitze die Butter schmelzen.

6. Wenn die Pfanne heiß ist und sich der Schaum gelegt hat, den Knoblauch und die Schalotten hinzufügen. 30 Sekunden lang glasieren. Nach und nach das Mehl hinzufügen und mit dem Schneebesen verrühren. Etwa 2 Minuten lang kochen, bis die Mischung dick und hellgelb ist. Wein, Senf, Sahne, Salz und Pfeffer mit dem Schneebesen einrühren, bis eine glatte Masse entsteht.

7. Gruyère und Parmesan unterrühren, bis die Masse geschmolzen und dickflüssig ist. Das Hummerfleisch einrühren, bis es gerade bedeckt ist. Vom Herd nehmen. Die Mischung auf die Hummerschalen verteilen. Die Oberseite jedes Hummers mit zerkleinerten Crackern bestreuen.

8. Die Hummer 4 bis 5 Minuten unter den Grill legen, bis die Oberseiten goldbraun sind. Mit Petersilie und Frühlingszwiebeln garnieren. Warm servieren.

Jerky Jerk Chicken

Vom Dogg aus Long Beach zum Lion of Zion ... Einer der besten Momente meiner Reise nach Jamaika, wo ich mein Reggae-Album *Reincarnated* aufgenommen hab', war der Genuss eines *echten* Jerk Chicken. Manchmal ist das Ding so scharf, dass es sich schon ein paar Minuten nach dem ersten Bissen wieder meldet. Das Hühnchen, das meine jamaikanischen Kumpels gekocht haben, war so scharf, dass Tha Bigg Boss Dogg das Rezept in die Finger bekommen musste. Und ich hab' auch etwas, mit dem man das ganze Zeug perfekt runterspülen kann. Ich wette, ihr könnt euch denken, was das ist. Jah!

4 PORTIONEN

FÜR DIE JERK-MARINADE:

60 ml	Olivenöl
2 EL	Rübensirup
2 EL	frischer Limettensaft
2	Habanero Chilis, entkernt
6	Frühlingszwiebeln, weiße und hellgrüne Stücke, grob gehackt
1	ca. 2,5 cm Stück geschälter Ingwer
6	Knoblauchzehen
1 EL	getrockneter Thymian
1 TL	gemahlener Piment
1 TL	Salz
1 TL	frisch gemahlener Pfeffer
1	ganzes Hühnchen, ca. 1,6 Kilo, zerlegt

Reis nach Belieben als Beilage
2 Limetten, halbiert

REZEPT FÜR DIE JERK-MARINADE:

1. Olivenöl, Rübensirup, Limettensaft, Habaneros, Frühlingszwiebeln, Ingwer, Knoblauch, Thymian, Piment, Salz und Pfeffer in einem Blender vermischen, bis die Masse glatt ist. Die Mischung sollte dickflüssig sein.

2. Die Hähnchenteile in einen großen Gefrierbeutel oder eine große Schüssel geben. Die Marinade über die Teile gießen. Den Beutel verschließen und das Hähnchen in der Marinade schwenken, oder die Hähnchenteile in der Schüssel mit der Marinade überziehen, dann die Schüssel mit Plastikfolie abdecken. Das Hähnchen 1 Stunde oder über Nacht im Kühlschrank marinieren.

REZEPT FÜR DAS HÜHNCHEN:

1. Den Backofen auf 190°C vorheizen, mit einem Rost auf der mittleren Schiene.

2. Das Huhn und die Marinade in einer Bratform im Ofen 45 bis 55 Minuten backen, bis das Huhn glasig und dunkelbraun ist. Prüft zuerst die Flügel und Keulen, dann die Schenkel und die Brüste auf ihren Gargrad: Ein Thermometer, das in das Huhn gesteckt wird (ohne den Knochen zu berühren), sollte mindestens 75°C anzeigen.

3. Das Huhn aus dem Ofen nehmen und 10 Minuten ruhen lassen.

4. Mit gekochtem weißen Reis und den Limettenhälften zum Auspressen servieren.

Get Tha Chip Fried Chicken Wings

Mein Cousin MacShawn 100 kommt aus der Bay Area um San Francisco. Er ist ein totales Energiebündel und sorgt für jede Menge Lacher. Deshalb nehm' ich ihn oft mit mir und dem Team auf Tour. Einmal hatten wir 'ne Show und in der Garderobe gab's was zu essen, aber die Chicken Wings hatten null Geschmack. Und MacShawn so: "Mann, gib mir die Kartoffelchips," wirft ein paar Wings in die Tüte, schüttelt das Ganze, nimmt 'nen Bissen und sagt: "Probier mal den krassen Scheiß, Bruda!"

Als ich nach Hause kam, hab' ich mir ein paar Hähnchen gebraten und Kartoffelchips in die Panade getan. Und Alter, meine ganze Familie war von dem Essen begeistert. Lay's Barbecue oder Lay's Sour Cream. Das ist Snoop's Shake and Bake. Von mir für euch.

6 PORTIONEN
ETWA 28 BIS 30 WINGS

FÜR DIE MARINADE:

65 g	Zucker
55 g	Salz
1	Lorbeerblatt
1 EL	Chiliflocken
	Schale einer Orange

FÜR DAS HÜHNCHEN:

1,8 kg	Hühnerflügel
280 g	Weizenmehl
35 g	Maismehl
14 g	zerstoßene Kartoffelchips
2 TL	Knoblauchpulver
1 TL	Cayennepfeffer
½ TL	Backpulver
2 TL	frisch gemahlener Pfeffer
2 TL	Salz
480 ml	Buttermilch
1 L	Frittieröl
	Zitronenpfeffer (falls ihr mögt)
	Hot Sauce (falls ihr mögt)

WEITER AUF S.82

DAS HUHN EINLEGEN:

1. 1,2 l Wasser in einem hohen Topf zum Kochen bringen. Zucker, Salz, Lorbeerblatt, rote Pfefferschoten und Orangenschalen hinzufügen. Unter Rühren kochen, bis sich der Zucker und das Salz aufgelöst haben. Vom Herd nehmen und abkühlen lassen.

2. Das Huhn in eine große Schüssel legen und vollständig mit der abgekühlten Lake bedecken. Abgedeckt von 10 bis zu 24 Stunden in den Kühlschrank stellen.

3. Das Huhn aus der Marinade nehmen und trocken tupfen. Die Lake wird nicht mehr gebraucht.

DAS HUHN PANIEREN:

1. In einer Schüssel Mehl, Maismehl, zerstoßene Kartoffelchips, Knoblauchpulver, Cayennepfeffer, Backpulver, frisch gemahlenen Pfeffer und Salz mischen. In eine flache Schüssel umfüllen. Eine weitere flache Schüssel neben die Mehlmischung stellen und die Buttermilch dazugeben. Legt ein Drahtgestell oder eine Pfanne neben die beiden Schüsseln, auf die wird das panierte Hähnchen gelegt werden.

2. Nehmt je einen Flügel und taucht ihn in die Buttermilch. Hebt ihn raus und lasst den Überschuss in die Schale zurücktropfen. Den Flügel in der Mehlmischung wälzen, so dass er vollständig bedeckt ist. Den panierten Hähnchenflügel auf das Drahtgitter oder die Pfanne legen und den Vorgang mit den restlichen Flügeln wiederholen.

3. Die Flügel vor dem Braten 20 bis 30 Minuten lang trocknen lassen.

DAS HUHN FRITTIEREN:

1. In einem großen Topf bei mittlerer Hitze das Frittieröl auf 180°C erhitzen. Ein Drahtgestell über einen Teller legen oder eine Pfanne mit Küchenpapier auslegen und daneben stellen.

2. Die Hähnchenflügel nach und nach vorsichtig in das heiße Öl geben, dabei darauf achten, dass sie nicht zu eng liegen, da sie sonst zu fettig werden. Sobald die Hähnchenflügel hineingegeben werden, sinkt die Temperatur des Öls auf 150°C bis 160°C. Beobachtet die Hitze und passt sie an, um eine konstante Temperatur von 180°C zu halten.

3. Frittiert die Flügel 8 bis 10 Minuten lang oder bis sie goldbraun sind. Wenn das Hähnchen zu dunkel wird, die Hitze reduzieren. Sobald die Flügel fertig sind, jeden mit einer Zange herausnehmen und zum Abtropfen auf den vorbereiteten Rost oder die Pfanne legen. Großzügig mit Salz oder Zitronenpfeffer (falls ihr mögt) bestreuen.

4. Lasst das Öl wieder auf Temperatur kommen, bevor ihr die nächste Portion hinzufügt; wiederholt den Vorgang mit den restlichen Flügeln.

5. Die Hähnchenflügel mit reichlich scharfer Soße und Zitronenpfeffer (falls ihr mögt) servieren, heiß oder kalt, ganz nach eurer Laune.

OG Hühnchen und Waffeln

Wenn ihr schon Waffeln zubereitet, sollten sie mit denen von Roscoe's in L.A. mithalten können. Oft wollen Homies Sachen nachkochen, die sie in einem Restaurant gegessen haben, und für mich war das so – ich bin ja fast ein Synonym für Hühnchen mit Waffeln! Ich wollte sehen, ob ich es hinbekomme, hab' es immer wieder probiert und hier und da ein wenig nachgebessert. Und wisst ihr was? Es hat funktioniert. Die eigentliche Herausforderung besteht darin, sich die Zeit zu nehmen, das Hähnchen in Salzlake zu marinieren und es vor dem Braten 30 Minuten ruhen zu lassen. Ja, ja, ich weiß – ihr wollt es sofort. Noch nie davon gehört, dass Perfektion Zeit braucht? Das Warten lohnt sich, und ein gutes Frittieröl sollte auch immer an Deck sein. Mit heißem Öl und der Salzlake wird das Huhn richtig gut.

4 PORTIONEN

FÜR DAS HUHN:

	Marinaderezept (siehe Seite 80)
1	ganzes Hühnchen, ca. 1,6 Kilo, zerlegt
420 g	Weizenmehl
105 g	gelbes Maismehl
4 TL	Cayennepfeffer
¾ TL	Backpulver
4 TL	frisch gemahlener Pfeffer
3 TL	Salz
500 ml	Buttermilch
1 L	Frittieröl

FÜR DIE WAFFELN:

250 g	Weizenmehl
50 g	Zucker
3 EL	gelbes Maismehl
½ TL	Backpulver
2	große Eier
2	Buttermilch
1 TL	Vanilleextrakt
110 g	Butter
	Ahornsirup

WEITER AUF S. 87

OG Hühnchen und Waffeln

UM DAS HUHN ZU MARINIEREN, CHECKT DAS REZEPT UND DIE METHODE AUF SEITE 82.

UM DAS HÄHNCHEN ZU PANIEREN: TIGHTE METHODE AUF SEITE 82.

DAS HUHN FRITTIEREN:

1. Erhitzt das Frittieröl in einem großen Topf auf 180°C. Ein Drahtgestell über einen Teller legen oder eine Pfanne mit Küchenpapier auslegen.

2. Beginnt mit den Keulen und gebt sie vorsichtig in das heiße Öl. Achtet darauf, dass die Teile nicht zu eng liegen, da sie sonst zu fettig werden. Sobald das Hähnchen hineingegeben wird, sinkt die Temperatur des Öls. Passt die Hitze an, um eine konstante Temperatur von 180°C zu halten.

3. Frittiert die Hähnchenkeulen etwa 15 Minuten lang oder bis sie goldbraun sind. Sobald fertig, jedes Stück herausnehmen und zum Abtropfen auf das vorbereitete Gitter oder die Pfanne legen. Großzügig mit Salz bestreuen.

4. Die Brüste und Schenkel etwa 10 Minuten lang braten, bis sie goldbraun sind. Wenn das Huhn zu dunkel wird, die Hitze reduzieren. Wenn sie gar sind, auf den Rost oder in die Pfanne geben. Großzügig mit Salz bestreuen.

5. Die Flügel etwa 8 Minuten lang braten, bis sie goldbraun sind. Wenn sie fertig sind, auf den Rost oder in die Pfanne geben. Großzügig mit Salz bestreuen.

6. Das Hähnchen vor dem Servieren mindestens 10 Minuten ruhen lassen.

FÜR DIE WAFFELN:

1. Ein Waffeleisen auf 180°C vorheizen.

2. In einer großen Schüssel Mehl, Zucker, Maismehl und Backpulver miteinander verrühren. In einer anderen Schüssel die Eier verquirlen und die Buttermilch, die Vanille und die geschmolzene Butter hinzufügen. Die trockene Mischung nach und nach in die feuchte Mischung einarbeiten (der Teig wird klumpig sein).

3. Den Teig nach den Anweisungen des Herstellers in die Backmaschine geben und die Waffeln goldbraun backen.

Auf jede Waffel ein großes Stück Butter geben. Legt euer Lieblingsbrathähnchen dazu und gießt reichlich Ahornsirup darüber.

FAUX-TISSERIE HÜHNCHEN mit GRÜNZEUGS

FÜR 2 (UND ES BLEIBT WAS ÜBRIG

Tut bloß nicht so, als hätte eure Freundin wirklich geglaubt, dass das Grillhähnchen, das ihr ihr bei eurem lahmarschigen Date serviert habt, nicht direkt von der Heißtheke aus dem Supermarkt gekommen wär. Ihr täuscht niemanden, außer eurem eigenen dummen Arsch. Und hört auf, so zu tun, als sei das **SCHNIPPELN** eines dieser Vögel nur für Leute mit einer schicken Kochmütze reserviert. Ihr könnt das, genau wie Adam Sandler in *The Waterboy*. Und wenn ihr das Ding hier aus dem Ofen zieht, ist sie bereit, mit euch zu rocken. Wie mein Kumpel MC Breed sagte: "**AIN'T NO FUTURE IN YOUR FRONTIN'**." Wo er recht hat, hat er recht, Leute.

1	ganzes Hühnchen, etwa 1,8 kg
2 TL	Salz
½ TL	Thymian
½ TL	Knoblauchpulver
½ TL	Paprikapulver
¼ TL	Zwiebelpulver
¾ TL	schwarzer Pfeffer

1	kleine Zwiebel, grob gehackt
2	Knoblauchzehen
700 g	längliche Kartoffeln, der Länge nach in Spalten geschnitten
500 g	Karotten, in etwa 3cm lange Stücke geschnitten
2 TL	Olivenöl

1. Thymian, Knoblauch-, Paprika-, & Zwiebelpulver, einen TL Salz und ½ TL Pfeffer mischen. Das Hähnchen mit der Gewürzmischung einreiben. In Frischhaltefolie einwickeln und mindestens 4 Stunden, am besten über Nacht, in den Kühlschrank stellen.

2. Den Ofen auf 135°C vorheizen, mit einem Rost auf der mittleren Schiene.

3. Das Huhn in eine Bratreine legen. Die Zwiebel und den Knoblauch in den Hohlraum füllen. Die Beine mit Küchengarn zusammenbinden.

4. Die Kartoffeln und Karotten um das Huhn herum auf das Backblech legen. Mit dem Olivenöl beträufeln und mit dem restlichen 1 TL Salz und ¼ TL Pfeffer bestreuen. Zum Überziehen schwenken.

5. Die Bratreine in den Ofen schieben und das Huhn 2½ bis 3 Stunden lang braten, oder bis ein in den Hühnerschenkel eingeführtes Thermometer (ohne den Knochen zu berühren) 75°C anzeigt, dabei das Gemüse wenden und das Huhn etwa jede Stunde mit Wasser übergießen.

6. Das Huhn und das Gemüse aus dem Ofen nehmen und das Huhn auf eine Servierplatte legen. Lasst das Huhn vor dem Anschneiden mindestens 10 bis 15 Minuten ruhen, damit sich der Saft gleichmäßig verteilen kann.

7. Während das Huhn ruht, heizt den Grill auf höchster Stufe mit einem Rost direkt unter der Hitzequelle vor.

8. 1 EL Hühnerfett vom Backblech aufnehmen, der Rest wird nicht mehr gebraucht. Das Gemüse auf dem Blech in dem Fett schwenken. 3 bis 5 Minuten unter den Grill legen, bis es goldbraun ist. Dabei genau darauf achten, dass das Gemüse nicht anbrennt.

9. Das Hähnchen mit dem Gemüse servieren, solange es noch H-E-I-S-S ist.

Oranges (naja, eigentlich dunkelrotes) Huhn mit Weißem Reis

Hier in L.A. gibt es in jeder Hood chinesische Restaurants. Da gibt's dann gebratenes Hühnchen und chinesisches Essen am selben Fleck. Louisiana-Hähnchen auf der linken Seite und chinesisches Essen auf der rechten. In China-Restaurants steh ich am meisten auf Orangenhähnchen. Und ich frag' immer nach den Zutaten, damit ich zu Hause meine eigene Variante zubereiten kann.

4 PORTIONEN

FÜR DIE ORANGENSAUCE:

180 ml Orangensaft
3 EL Sojasoße
1 EL Sriracha
1 EL Honig
1 TL Sesamöl
½ TL Chiliflocken

FÜR DAS HUHN:

2 große Eier
210 g Stärke
900 g Hühnerbrust oder Keulen ohne Knochen, in 2,5 cm Stücke geschnitten
120 ml Frittieröl
Salz

Weißer Reis als Beilage
2 TL Sesam als Dekoration
2 Frühlingszwiebeln in Scheiben, als Deko

ZUBEREITUNG DER ORANGENSAUCE:

Orangensaft, Sojasauce, Sriracha, Honig, Sesamöl und rote Pfefferschoten in einem kleinen Topf bei mittlerer Hitze verquirlen. Zum Köcheln bringen, 6 bis 7 Minuten köcheln lassen, bis die Sauce eindickt.

ZUBEREITUNG DES HUHNS:

1. In einer großen Schüssel die Eier verquirlen, bis sie vermengt sind. Eine große Schüssel neben die Eier stellen und die Speisestärke hineingeben.

2. Die Hähnchenteile in die Schüssel mit dem verquirlten Ei geben und durchschwenken. Die Teile aus dem Ei heben, den Überschuss in die Schüssel zurücktropfen lassen. Die Teile in der Stärke wenden, überschüssige Stärke abschütteln, beiseite stellen.

3. Einen Teller mit Küchenkrepp auslegen. Das Frittieröl in einer großen Pfanne erhitzen.

4. Wenn die Pfanne heiß ist, das Hähnchen vorsichtig in das heiße Öl geben. 3 bis 4 Minuten auf jeder Seite braten, bis es goldbraun und knusprig ist. Das Hähnchen auf den vorbereiteten Teller geben und mit Salz würzen. Die Pfanne auswischen.

5. Das Hähnchen wieder in die Pfanne legen. Die Orangensauce über das Hähnchen gießen. Umrühren, damit es bedeckt ist. 2 bis 3 Minuten kochen, um die Sauce durchzuwärmen.

6. Das Hähnchen und die Orangensauce auf gekochtem Reis servieren und mit Sesam und Frühlingszwiebeln garnieren.

Schweinekotelett mit Süßkartoffelpüree und Spinat

Dieses Gericht bleibt direkt an deinen Hüften kleben – ein absolutes Muss für jeden Comfort Food Kenner. Ich mach keine großen Unterschiede - ich mag die mageren Schweinekoteletts, aber das hier verlangt nach diesen großen, fetten, dicken Koteletts von der Landmetzgerei. Und ob ihr nun Kansas City Barbecuesauce oder eine eigene Soße über die Koteletts gebt, ist auch wurscht. Ihr werdet den Knochen im Handumdrehen sauber nagen.

4 PORTIONEN

FÜR DAS SÜSS-KARTOFFEL-PÜREE:

4	mittlere Süßkartoffeln, in 2 cm Würfeln
4	Knoblauchzehen
70 g	Butter
	Salz
	Frisch gemahlener Pfeffer

FÜR DIE KOTELETTS:

4	Schweinekoteletts am Knochen, etwa 2 bis 2,5 cm dick
2 TL	Paprika
½ TL	Cayennepfeffer
	Salz
	Frisch gemahlener Pfeffer
2 EL	Olivenöl

FÜR DIE BARBECUE-SAUCE:

150 g	Aprikosenkonfitüre
65 g	Ketchup
2 EL	Worcestersauce
2 EL	Senf
2 EL	Apfelessig
½ TL	Chiliflocken

FÜR DEN SPINAT:

1 TL	Olivenöl
160 g	Babyspinatblätter
1	Zitrone

FÜR DAS SÜSSKARTOFFELPÜREE:
Süßkartoffeln und Knoblauch in einen großen Topf legen. Mit Wasser bedecken und bei starker Hitze zum Kochen bringen. Den Topf abdecken und 16 bis 20 Minuten lang kochen, bis die Süßkartoffeln weich sind (mit einer Gabel prüfen).

FÜR DIE SCHWEINEKOTELETTS:

1. Während die Süßkartoffeln kochen, die Schweinekoteletts gleichmäßig mit Paprika, Cayennepfeffer, Salz und Pfeffer würzen.

2. In einer großen Pfanne bei mittlerer Hitze 1 Esslöffel Olivenöl erhitzen. Wenn die Pfanne heiß ist, zwei Schweinekoteletts hinzufügen. Etwa 4 Minuten lang braten, bis sie goldbraun sind. Umdrehen und auf der anderen Seite weitere 4 Minuten goldbraun braten. Aus der Pfanne nehmen und locker mit Alufolie abdecken, um sie warm zu halten. Die Pfanne wieder auf den Herd stellen und den restlichen Esslöffel Olivenöl erhitzen. Die anderen zwei Schweinekoteletts braten.

DIE BARBECUESAUCE ZUBEREITEN:

1. Während die Schweinekoteletts garen, in einer Schüssel Marmelade, Ketchup, Worcestersauce, Senf, Essig und rote Pfefferschoten verrühren.

2. Die ersten beiden Koteletts zu den zweiten in die Pfanne legen. Die Sauce über alle Koteletts gießen. Etwa 2 Minuten weitergaren, dabei das Fleisch in der Sauce wenden, bis es durchgegart ist. Die Pfanne vom Herd nehmen und die Schweinekoteletts in der Sauce ruhen lassen.

DAS SÜSSKARTOFFELPÜREE FERTIGSTELLEN:
Die Süßkartoffeln und den Knoblauch in einem Sieb abtropfen lassen und in eine große Schüssel umfüllen. Den Topf beiseite stellen, die Butter zu den Süßkartoffeln geben und alles zu einem glatten Püree verarbeiten. Mit Salz und Pfeffer würzen.

DEN SPINAT ZUBEREITEN:

1. Den Süßkartoffeltopf mit Papiertüchern auswischen. Das Olivenöl hinzufügen, eine Minute lang bei mittlerer bis hoher Hitze erwärmen.

2. Den Spinat hinzugeben. Unter Rühren kochen, bis er leicht zusammengefallen ist.

3. Die Schale der halben Zitrone mit einer Raspel über den Spinat reiben. Die Zitrone halbieren und den Saft ebenfalls über den Spinat pressen. Mit Salz würzen, umrühren und etwa eine halbe Minute weiterkochen. Die Pfanne vom Herd nehmen.

Das Süßkartoffelpüree auf vier Teller verteilen und jeweils ein Schweinekotelett und etwas Barbecuesauce darauf geben. Den Spinat neben den Koteletts und dem Püree verteilen und heiß servieren.

Soft Touch Tacos

Dass der Doggfather hart wie Diamant ist, weiß ja nun jeder. Und absolut niemand kann mir vorwerfen, dass ich ein Softie wär. Aber weiche Tacos? Ganz andere Geschichte. Harte Schale ist cool, aber es geht nichts über weiche Tortillas aus Mehl oder Mais, die mit erstklassigem, Bio-Fairtrade-zertifiziertem Rinderhackfleisch gefüllt sind. Die einzige Art von Beef, den ich haben mag, falls ihr wisst, was ich mein. Und der einzige Beef, den ihr mit den Dogg Pound Gangstas haben wollt – das sagt euch euer D-O-G-G.

4 PORTIONEN

FÜR DIE FÜLLUNG:

2 TL	Erdnussöl
1	Zwiebel, gehackt
3	Knoblauchzehen, gehackt
500 g	Rinderhack
1 TL	Salz
1 TL	Chilipulver
1 TL	Kreuzkümmelpulver
8	Maistortillas

FÜR DIE TOPPINGS:

80 g	geriebener Cheddar
45 g	gehackter Salat
8	geviertelte Kirschtomaten
1	Avocado, gehackt
1	Jalapeño in feinen Scheiben
	Limetten, Koriandergrün, Frühlingszwiebeln in Scheiben als Garnitur
	Hot Sauce

DIE FÜLLUNG BAUEN:

1. Erhitzt das Pflanzenöl in einer großen Pfanne. Wenn die Pfanne heiß ist, die Zwiebeln hinzufügen. Unter gelegentlichem Rühren 4 bis 5 Minuten braten, bis die Zwiebel weich ist. Den Knoblauch hinzufügen und 1 bis 2 Minuten weiterbraten.

2. Hack, Salz, Chilipulver und Kreuzkümmel hinzufügen. 6 bis 7 Minuten kochen, dabei häufig umrühren, um das Fleisch aufzulockern, bis es gebräunt ist. Abschmecken und eventuell nachwürzen. Das überschüssige Fett abgießen und entsorgen. Das Rindfleisch in eine große Schüssel geben und abdecken

3. Zum Grillen der Tortillas die Oberhitze auf höchste Stufe stellen. Eine Tortilla direkt darunter anbraten, oder bis sie leicht knusprig und angekohlt ist. Mit einer Zange die Tortilla herausnehmen und darauf achten, dass sie nicht verbrennt. Die angekohlte Tortilla auf einen Teller legen und zum Warmhalten abdecken. Den Vorgang mit den restlichen Tortillas wiederholen.

DIE TACOS BAUEN:

Jede gegrillte Tortilla mit Rindfleisch, Käse, Kopfsalat, Tomate, Avocado und Jalapeño belegen. Mit Limette, Koriander, Frühlingszwiebeln und scharfer Soße garnieren. Warm servieren.

Gebratenes Filet Mignon

Jetzt ist's an der Zeit, eins meiner Lieblingsgerichte mit euch zu teilen. Der schnell gemachte Klassiker unter den Männergerichten – Filet Mignon. Der ganz große Wurf. Fleisch, weisch? Und obwohl ich jedes Mal ein paar von diesen bösen Jungs bestelle, wenn ich im W Hotel im Big Apple wohne, habe ich hier ein paar kleine Änderungen vorgenommen, um es ganz offiziell, notariell beglaubigt und snoopifiziert genial hinzukriegen.

Und Alter: bevor du es zubereitest, solltest du herausfinden, wie man es ausspricht. Genau wie der Gentleman, der du nicht bist.

4 PORTIONEN

ZUTATEN

4	Rinderfiletspitzen, je etwa 280 g, dick geschnitten
1 EL	schwarze Pfefferkörner
1 EL	weiße Pfefferkörner
1 EL	Meersalz
2 EL	Butter
1 EL	Erdnussöl
1 EL	gehackte Petersilie

1. Die Pfefferkörner in einer Gewürzmühle oder Küchenmaschine grob mahlen. Den gemahlenen Pfeffer auf einen Teller geben.

2. Jedes Steak auf beiden Seiten mit Salz würzen. Die Steaks in dem Pfeffer wälzen, bis sie gleichmäßig bedeckt sind.

3. In einer großen gusseisernen Pfanne bei mittlerer Hitze die Butter mit dem Öl schmelzen. Schwenken Sie die Pfanne, damit der Boden vollständig bedeckt ist.

4. Wenn die Pfanne heiß ist und die Butter aufschäumt, die Steaks hineingeben. Etwa 4 Minuten pro Seite anbraten, bis sich eine dunkelbraune Kruste gebildet hat (medium-rare). Weitere 2 Minuten pro Seite für medium.

5. Die Pfanne vom Herd nehmen. Die Steaks mit Alufolie abdecken und 5 Minuten ruhen lassen. Jedes Steak mit einem großzügigen Klecks Butter und etwas gehackter Petersilie belegen und servieren.

Baby Got Back Rippchen

Sommer in Cali und Rippchen auf dem Grill sind quasi ein Synonym. Wisst ihr ja! Ihr habt ja auch das Video zu "Nuthin But A G Thang" rauf und runter gesehen: ich, Dr. Dre und die Crew, lassen im Park die Sau am Grill raus Und *Boyz n the Hood*, der Klassiker mit meinen Kumpels Ice Cube und Cuba Gooding Jr.? Auch ein echter Barbecue-Knaller. Aber vielleicht ist das Wetter dort, wo ihr wohnt, nicht ganz so kalifornisch. Deshalb zeige ich euch, wie ihr den Boogie-Style in eurer eigenen Küche hinbekommt. Vergesst nur nicht, das Zeug langsam zu garen, yo. Und, oh yessss, nur Weißbrot!

6 PORTIONEN

ZUTATEN:

150 g	Brauner Zucker
1 EL	Paprika
1 EL	Knoblauchpulver
1 TL	frisch gemahlener Pfeffer
1 TL	Salz
1 TL	Cayennepfeffer
2	Seiten, etwa 2 kg Spanferkelrippchen
430 g	Barbecuesauce (Rao's oder meine von Seite 92)

1. Heizt den Ofen auf 150°C vor. Legt ein Backblech mit zwei Lagen Alufolie aus.

2. In einer kleinen Schüssel den braunen Zucker, Paprika, Knoblauchpulver, schwarzen Pfeffer, Salz und Cayennepfeffer verrühren. Die Rippchen damit einreiben, so dass beide Seiten bedeckt sind. Jedes Rippenstück in Alufolie einwickeln und nebeneinander auf das vorbereitete Backblech legen.

3. Die Rippchen auf der mittleren Schiene im Ofen 1½ bis 2 Stunden braten, nach 1½ Stunden prüfen, ob sie gar sind. Das Fleisch ist fertig, wenn es zart ist und sich leicht vom Knochen ablösen lässt. Die Rippchen aus dem Ofen nehmen, den Bratensaft in der Pfanne vorsichtig abgießen. Lasst sie eingewickelt und stellt sie beiseite.

4. Den Grill auf die höchste Stufe vorheizen, Rost auf der obersten Schiene.

5. Rippchen auspacken, die Oberseite mit einer dicken Schicht Barbecue-Sauce bestreichen und etwa 10 Minuten lang grillen, bis sie schön braun sind.

6. Die Rippchen herausnehmen, 10 Minuten zugedeckt ruhen lassen. Warm mit Weißbrot, extra Barbecue-Sauce und viiielen Servietten servieren.

Dirty South Gumbo

Das Geheimnis eines guten Gumbos besteht darin, dass man ein bisschen hiervon und genau die richtige Menge davon dazutut. Wenn ihr eine der Zutaten nicht finden könnt, solltet ihr euch nicht scheuen, ein wenig zu improvisieren - und zwar Freestyle! Und wenn ihr das Gefühl habt, dass alles ganz genau richtig gemischt ist, dann kommt es sicherlich vom Dogg. Egal, ob ich voll Gangsta-Style rumkomm', die Damenwelt umwerbe, als Trainer Snoop die Kinder inspirizzle, in meiner TV-Show die Knete verteile oder mit Miz Martha Stewart den Kochtanz tanze, bei mir wird alles lecker. Also passt schön auf und füllt den Topf mit viel viel Goodie-Goodie – denn wenn's euch gut schmeckt, dann ist es sicher auch gut für euch!

6 BIS 8 PORTIONEN

ZUTATEN:

1,8 kg	Hühnerschenkel ohne Haut und Knochen
1 EL	Kreolisches Gewürz
2 TL	Salz
240 ml	Pflanzenöl
140 g	Weizenmehl
1	große Zwiebel, gehackt
2	rote Paprika, gehackt
4	Stangen Sellerie, grob gehackt
4	Knoblauchzehen
2 L	Hühnerbrühe
700 g	Andouille, Kielbasa oder Chorizo in Scheiben
2	Lorbeerblätter
15 g	Petersilie, fein gehackt
1	Bund Frühlingszwiebeln in dünnen Scheiben
60 ml	Louisiana Hot Sauce
	Reis, nach Bedarf

1. Das Hähnchen mit dem kreolischen Gewürz und 1 Teelöffel Salz würzen. Beiseite stellen und auf Zimmertemperatur kommen lassen.

2. In einem Topf bei mittlerer Hitze 2 Esslöffel Pflanzenöl erhitzen. Nach und nach, damit die Pfanne nicht überfüllt wird, das Hähnchen in den Topf geben. Unter gelegentlichem Wenden 4 bis 5 Minuten lang anbraten, bis es rundum goldbraun ist. Das gebratene Huhn auf einen Teller geben.

3. Die Hitze im Topf auf mittlere bis niedrige Stufe stellen. Das restliche Pflanzenöl hineingeben und einige Minuten lang warm werden lassen.

4. Das Mehl mit dem Schneebesen einrühren, bis es sich gründlich mit dem Öl vermischt hat, um eine Mehlschwitze (Roux) zu bilden. Die Mehlschwitze 25 bis 30 Minuten lang unter häufigem Rühren kochen, bis sie dunkelbraun ist. Es ist sehr wichtig, dass die Mehlschwitze nicht verbrennt oder am Topfboden festklebt; das würde den Geschmack des Gumbo ruinieren (und das wär' echt mies).

5. Während die Roux kocht, die Zwiebel, die rote Paprika, den Sellerie und den Knoblauch in einer Küchenmaschine fein zerkleinern.

6. Wenn die Roux dunkelbraun ist, die Gemüsemischung hinzugeben und umrühren, um sie zu verbinden. 3 bis 4 Minuten kochen, bis das Gemüse weich und die Mischung sehr dick ist. Die Hühnerbrühe einrühren. Die Hitze auf hohe Stufe stellen, um die Mischung zum Kochen zu bringen. Die Hitze so einstellen, dass die Mischung köchelt, und alle gebräunten Teile, die am Boden des Topfes kleben, abkratzen.

7. Den restlichen Teelöffel Salz, die Wurst, die Lorbeerblätter und das gekochte Huhn einrühren. Den Topf abdecken und das Gumbo 1 Stunde lang köcheln lassen. Den Schaum, der an die Oberfläche steigt, abschöpfen.
8. Das Hähnchen auf ein Schneidebrett legen und mit zwei Gabeln zerkleinern. Das zerkleinerte Huhn zusammen mit der Petersilie, den Frühlingszwiebeln und der scharfen Soße in den Topf zurückgeben. 15 Minuten lang zugedeckt köcheln lassen. Abschmecken und bei Bedarf mit Salz nachwürzen. Die Lorbeerblätter entfernen.

9. Das heiße Gumbo mit Reis servieren, mit Frühlingszwiebeln garnieren und noch etwas scharfe Soße dazu reichen.

KAPITEL 4

Dessert

Hey Banana Na-Na Na-Na Puddn'[105] Rolls Royce PB-Chocolate Chip Cookies[109] Bow Wow Brownies und Eis[110] Buttermiziilch Pfunds-kuchen Kuchen Kuchen Kuchen[112] Vom Teller-wäscher zum Millionär Ap-felkuchen[115] Gimme S'mores Kuchen[118] Schoko und Loco Erdbeeren[120] Go Shorty, Hier's Deine Geburstttagstorte[123] Heftig Harter Hustler Schoko-Cheesecake[126]

OHREN AUF hier kommt ein Geheimnis: Snoop Dogg hat 'ne Schwäche für Süßes. Vielleicht hat es mit der ganzen "Medizin" zu tun, die ich zu mir nehme – in den späten Abendstunden werde ich zum Naschkater. Dann schleiche ich mich zum Kühlschrank, um das letzte Stück Kuchen oder noch ein paar selbstgebackene Kekse zu holen. Wenn man so hart arbeitet wie der Boss Dogg, braucht man manchmal einfach einen Zuckerschub, um durchzuhalten. Bei diesen Desserts wird weder an Schokolade noch an Zuckerguss oder Marshmallows gespart, und dafür sind sie umso besser. Gebt der kleinen Versuchung nach und probiert selbst ein paar davon.

Hey Banana Na-Na Na-Na Puddn'

Wer sagt, dass Obst nicht lecker sein kann? Ihr könnt natürlich ganz normal 'ne Banane essen – oder ihr könnt es mit diesem Bananenpudding-Rezept richtig krachen lassen.

4 BIS 6 PORTIONEN

FÜR DEN BANANEN-PUDDING:

200 g	Zucker
35 g	Stärke
¾ TL	Salz
480 ml	Vollmilch
300 ml	Sahne
1	großes Ei
1 EL	Vanilleextrakt
4	Bananen
150 g	Vanillekekse

FÜR DIE RUM-SCHLAGSAHNE:

240 ml	Sahne
2 EL	Puderzucker
3 EL	Dunkler Rum (falls ihr mögt)
½ TL	Vanilleextrakt

UM DEN BANANENPUDDING ZUZUBEREITEN:

1. In einem mittelgroßen Topf den Zucker, Vanillezucker, die Maisstärke und das Salz verquirlen. Milch und Sahne hinzugeben und erneut verquirlen, bis alles gut vermischt ist.

2. Das verquirlte Ei hinzufügen und den Topf erhitzen. Unter ständigem Rühren kochen, bis die Mischung einzudicken beginnt und Blasen an der Oberfläche aufsteigen. Die Hitze auf mittlere Stufe zurückschalten und 45 Sekunden lang kräftig rühren. Die Pfanne vom Herd nehmen.

WEITER AUF S. 106

3. Den Pudding durch ein feinmaschiges Sieb in eine hitzebeständige Schüssel abseihen. Ein Stück Plastikfolie direkt auf die Oberfläche des Puddings legen. 2 bis 4 Stunden in den Kühlschrank stellen, dabei gelegentlich umrühren.

4. Den gekühlten Pudding mit dem Schneebesen auflockern. Schneidet 2 Bananen in Würfel. Die Bananenwürfel unter den gekühlten Pudding heben. Die restlichen 2 Bananen in Scheiben schneiden und für jedes Glas eine Bananenscheibe zum Garnieren beiseite legen.

5. Gebt je 1 oder 2 Esslöffel Pudding auf den Boden eines 180-ml Glases. Fügt eine Schicht geschnittener Bananen hinzu und bedeckt diese mit einer festen Schicht Vanillewaffeln. Und so immer Schicht auf Schicht. Mit einer Puddingschicht abschließen, dann die anderen Gläser füllen. Mindestens 4 Stunden lang in den Kühlschrank stellen.

UM DIE RUM-SCHLAGSAHNE ZUZUBEREITEN:

1. Die Schüssel eines Standmixers und den Schneebesenaufsatz oder eine mittelgroße Metallschüssel und die Besen eines elektrischen Handrührgeräts etwa 15 Minuten in den Kühlschrank stellen – sie müssen richtig kalt sein!

2. Nach dem Abkühlen die Sahne in die Schüssel geben und auf mittlerer Stufe aufschlagen, bis sie gerade so eindickt.

3. Den Puderzucker, den Rum (falls ihr mögt) und die Vanille hinzugeben. Erneut aufschlagen, bis die Sahne weiche Spitzen bildet. Auf jeden Pudding einen Klecks Schlagsahne und eine Bananenscheibe als Dekoration geben. Sofort servieren.

4. Die Puddings halten sich gekühlt und leicht in Frischhaltefolie eingewickelt etwa einen Tag lang, schmecken am besten aber am Tag der Zubereitung.

Rolls Royce PB-Chocolate Chip Cookies

Jeder weiß, dass mein Homie Berner die besten Kekse im ganzen Land macht. Allerdings sind die Kekse, die er verkauft, zum Rauchen gedacht, und nicht zum Essen. Wenn ihr eher auf der Suche nach Schokoladenstückchen mit Erdnussbutter seid, wird euch dieses Rezept höchst zufrieden stellen.

ERGIBT 3 DUTZEND

ZUTATEN

210 g	Weizenmehl
1 TL	Backpulver
½ TL	Salz
220 g	Butter (Zimmertemperatur)
130 g	Erdnussbutter ohne Stücke
100 g	brauner Zucker
100 g	Zucker
1	großes Ei
1 TL	Vanilleextrakt
360 g	Zartbitter Schokodrops

1. Heizt den Ofen auf 190°C vor, wobei sich ein Rost auf der oberen und einer auf der unteren Schiene des Ofens befinden sollte. Zwei Backbleche mit Pergamentpapier auslegen.

2. Mehl, Backpulver und Salz in einer kleinen Schüssel verrühren.

3. In einer Schüssel die Butter, die Erdnussbutter, den braunen Zucker und den Zucker vermischen. Mit einem Handrührgerät auf mittlerer Stufe oder einem Holzlöffel kräftig schlagen, bis die Masse glatt ist.

4. Das Ei und die Vanille unterrühren.

5. Nach und nach die Mehlmischung einrühren. Die Schokostückchen unterrühren. Mit einem Esslöffel rundliche Teigportionen auf die vorbereiteten Backbleche geben, etwa 5 cm auseinander.

6. Ein Blech auf die obere und eines auf die untere Schiene legen; 8 bis 10 Minuten goldgelb backen, dabei die Bleche nach der Hälfte der Backzeit von oben nach unten und von vorne nach hinten schieben, damit sie gleichmäßig backen.

7. Die Kekse aus dem Ofen nehmen und 5 Minuten lang auf den Blechen abkühlen lassen, dann auf einem Gitterrost vollständig abkühlen lassen.

8. Die Kekse in einem luftdichten Behälter oder Gefrierbeutel bis zu 3 Tage aufbewahren.

Bow Wow Brownies und Eis

Kennt ihr mein großartigstes Rezept? Diese Bow Wow Brownies. Es ist superwichtig, dass sie gut durchgebacken sind. Wenn ich sie richtig aufpeppen will, gebe ich vielleicht noch eine Prise meiner geheimen Zutat dazu - ein Spritzer von Snoops magischen Kräutern und Gräsern gibt den Dingern einen echten Kick. Mmmmmh, was für ein Aroma, wenn sie frisch aus dem Ofen kommen –nach ein paar Bissen fühlt ihr euch wie auf Wolke sieben. Deshalb habt ihr doch das Buch gekauft, oder? Worauf wartet ihr also noch? Backzeit!

6 PORTIONEN

ZUTATEN

90 g	Weizenmehl
¼ TL	Backpulver
½ TL	Salz
100 g	Zucker
3 EL	Butter
2 EL	Vollmilch
450 g	Milchschokolade, grob gehackt
2	große Eier
½ TL	Vanilleextrakt
	Euer liebstes Vanilleeis
	Schoko-Eissauce

1. Heizt den Ofen 165°C vor, mit einem Rost auf der mittleren Schiene. Fettet eine quadratische Backform (20 x 20 cm) ein.

2. Mehl, Backpulver und Salz in einer kleinen Schüssel vermischen.

3. In einem mittelgroßen Topf bei mittlerer Hitze den Zucker, die Butter und die Milch verrühren. Zum Köcheln bringen. Den Topf vom Herd nehmen und 270gr der Schokoladenstückchen hinzufügen. Rühren, bis die Schokolade geschmolzen und glatt ist.

4. Die Eier und den Vanillezucker zur Schokolade geben. Sie darf nicht zu heiß sein, sonst stocken die Eier! Rühren, bis alles gut vermischt ist.

5. Nach und nach die Mehlmischung zur Schokolade geben und alles gut vermischen. Verteilt den Teig gleichmäßig in der vorbereiteten Form. Die Oberseite des Teigs mit den restlichen Schokostückchen bestreuen.

6. Die Form in den Ofen schieben und 25 bis 30 Minuten backen, nach der Hälfte der Zeit drehen, damit sie gleichmäßig gart, bis die Brownies fest und durchgebacken sind.

7. Die Brownies aus dem Ofen nehmen und in der Form abkühlen lassen.

8. Schneidet die Brownies in 6 große Quadrate. Mit Vanilleeis und Schokosoße servieren.

Buttermizzilch Pfundskuchen Kuchen Kuchen Kuchen

Es geht nichts über einen schönen, runden Pfundskuchen! Ich spreche hier nicht von den Ladies mit den großen Hintern aus dem Club, hier geht's um die Süße des Buttermilchkuchens, dem fluffigen Zeug, das mich jedes Mal aufs Höchste begeistert. Was für ein Genuss!

6 BIS 8 PORTIONEN

ZUTATEN

210 g	Weizenmehl
1 TL	Backpulver
½ TL	Salz
150 g	Butter bei Zimmertemperatur
200 g	Zucker
2	große Eier
1	Eigelb
1½ TL	Vanilleextrakt
160 ml	Buttermilch
	Schlagsahne
	Frische Beeren

1. Heizt den Backofen auf 180°C vor, mit einem Rost auf der mittleren Schiene. Bestreicht eine ca. 23 x 12 x 7,5 cm große Kastenform mit weicher Butter. Den Boden und die beiden kurzen Enden der Form mit Pergamentpapier auslegen, so dass das Papier über den oberen Rand der Form hinausragt, erneut mit Butter bestreichen. Die Form mit Mehl bestäuben, überschüssiges Mehl herausklopfen und bereitstellen.

2. In einer mittelgroßen Schüssel Mehl, Backpulver und Salz vermischen.

3. In der Schüssel einer Küchenmaschine mit Rührbesen oder in einer großen Schüssel mit einem elektrischen Handrührgerät die Butter und den Kristallzucker auf mittlerer bis hoher Stufe schaumig schlagen, mindestens 5 Minuten, dabei die Schüssel bei Bedarf mit einem Gummispatel abkratzen.

4. Bei mittlerer Geschwindigkeit nacheinander die Eier und das Eigelb hinzufügen und nach jeder Zugabe 1 Minute lang schlagen. Die Schüssel mit einem Gummispatel abkratzen, die Vanille hinzufügen und so lange schlagen, bis sie eingearbeitet ist.

5. Die trockenen Zutaten bei niedriger Geschwindigkeit in drei Schritten abwechselnd mit der Buttermilch zugeben, dabei mit den trockenen Zutaten beginnen und enden. Kratzt die Schüssel bei Bedarf mit einem Gummispatel ab. Den Mixer stoppen, wenn einige Schlieren Mehl zurückbleiben, und mit der Hand weiterrühren, bis alle Zutaten eingearbeitet sind. Den Teig in die vorbereitete Form geben und die Oberfläche glätten.

6. Die Form in den Ofen schieben und 55 bis 60 Minuten backen. Der Kuchen ist fertig, wenn an einem Zahnstocher, der in die Mitte des Kuchens gesteckt wird, nicht mehr als ein oder zwei feuchte Krümel haften bleiben. Nehmt die Form aus dem Ofen und lasst sie 10 bis 15 Minuten stehen, oder bis die Form so weit abgekühlt ist, dass ihr sie anfassen könnt. Den Kuchen aus der Form nehmen, auf ein Gitterrost stellen und vollständig abkühlen lassen.

7. Mit einem Klecks leicht gesüßter Schlagsahne und einer Handvoll frischer Beeren servieren.

FLIP DAS DING

Swirlt das Ding mit swirls: ihr könnt den Kuchen auch mit Himbeeren aufpeppen. Püriert 180 g frische Himbeeren in einer Küchenmaschine oder einem Mixer mit 50 g Zucker. Gebt die Hälfte des Kuchenteigs in die vorbereitete Form. Die Hälfte des Himbeerpürees darauf verteilen. Die restliche Hälfte des Teigs auf das Püree geben, dann mit der anderen Hälfte des Pürees bestreichen. Mit einem langen Holzspieß das Püree in Spiralen wie bei einem Marmorkuchen durch den Kuchen ziehen, dabei den Spieß bis zum Boden des Kuchens einstechen, so dass beide Püree-Schichten verwirbelt werden. So hübsch und so süß.

Vom Tellerwäscher zum Millionär Apfelkuchen

Was ist amerikanischer als die gute alte Geschichte des Big Snoopy D-O-Double G, der vom Tellerwäscher zum Millionär wurde? Also meine? Nun, vielleicht ein guter alter klassischer gedeckter Apfelkuchen. Wenn ihr ihn euren Homies auftischt, erzählt unbedingt eine Geschichte über mich.

8 PORTIONEN

FÜR DEN KUCHENBODEN:

350 g	Mehl
2 EL	Zucker
½ TL	Backpulver
1 TL	Salz
8 EL	kalte Butter
90 g	kalte Margarine

FÜR DIE FÜLLUNG:

900 g	Granny Smith Äpfel, etwa 10 mittelgroße
60 ml	frisch gepresster Zitronensaft
80 g	Zucker
2 EL	Stärke
1½ TL	gemahlener Zimt
¼ TL	Salz
3 EL	Butterflocken

FÜR DIE EIGLASUR:

1	großes Ei
¼ TL	Salz

Feiner brauner Zucker zum Bestreuen (falls ihr das mögt)

UM DEN BODEN ZU MACHEN:

1. Mehl, Zucker, Backpulver und Salz in einer Küchenmaschine kurz durchmischen.

2. Butter und Margarine in Würfeln in die Küchenmaschine geben. Mischen, bis die Mischung grob krümelt. Die Mischung in eine Schüssel geben.

3. Nach und nach etwa 90 ml Wasser hinzufügen (es kann sein, dass ihr nicht alles braucht).

WEITER AUF S. 116

Mit einem Holzlöffel oder den Händen verrühren, bis sich ein Stück Teig zwischen zwei Fingern zusammendrücken lässt und seine Form behält. Den Teig in der Schüssel mit den Händen so gut wie möglich durchkneten, um alle bröckeligen Teile einzuarbeiten. Den Teig in zwei Hälften teilen, jede Hälfte in Frischhaltefolie einwickeln und mindestens 2 Stunden, am besten über Nacht, in den Kühlschrank stellen.

UM DIE FÜLLUNG ZUZUBEREITEN:

1. Die Äpfel schälen und in ca. 6 mm dicke Spalten schneiden. Die Spalten quer halbieren und in eine große Schüssel geben. Den Zitronensaft dazugeben und alles gut durchmischen.

2. Zucker, Speisestärke, Zimt und Salz hinzufügen. Die Zutaten mit den Händen oder einem Holzlöffel verrühren, bis sie gut durchgemischt sind.

KUCHENBODEN FERTIGSTELLEN UND KUCHEN ZUSAMMENSETZEN:

1. Eine der Teigkugeln auf eine leicht bemehlte Arbeitsfläche legen. Den Teig zu einem großen Kreis ausrollen, der etwas größer ist als der Boden einer 23 cm-Kuchenform. Die Teigplatte in die Kuchenform legen und leicht andrücken.

2. Die Apfelfüllung hineingeben. Die Oberseite der Füllung mit den Butterflocken belegen.

3. Den restlichen Teig zu einem etwas größeren Kreis ausrollen. Über die Füllung legen. Die Ränder dekorativ zusammendrücken. Zwei Schlitze in die obere Kruste schneiden, damit der Kuchen während des Backens ausdampfen kann.

FÜR DIE EIGLASUR:

1. In einer kleinen Schüssel das Ei und das Salz gut verquirlen. Den Kuchendeckel damit bepinseln.

2. Die obere Kruste mit dem feinen braunen Zucker bestreuen (falls ihr das mögt) und den Kuchen 1 Stunde lang einfrieren.

DEN KUCHEN BACKEN:

1. Den Ofen auf 220°C vorheizen, mit einem Rost auf der mittleren Schiene.

2. Nehmt den Kuchen aus dem Gefrierschrank und legt ihn in der Form auf den Backrost. 50 bis 60 Minuten lang backen, dabei nach der Hälfte der Backzeit drehen, um ein gleichmäßiges Garen zu gewährleisten. Der Kuchen ist fertig, wenn die Oberseite schön gebräunt ist und der Belag durch die Öffnungen blubbert. Den Kuchen mit Alufolie abdecken, falls die Kruste bräunt, bevor die Füllung blubbert.

3. Den Kuchen aus dem Ofen nehmen und mindestens 1 Stunde oder länger ruhen lassen, damit sich der Saft und die Flüssigkeit absetzen können.

4. Mit Vanilleeis servieren, falls ihr das mögt. Der Kuchen hält sich in Frischhaltefolie eingewickelt bis zu 3 Tage bei Zimmertemperatur.

SNOOP

Gimme S'mores Kuchen

War nie so mein Ding, Pfadfinder zu sein – Knoten binden, Abzeichen nähen – der Shit war nichts für den jungen Dogg. Das Einzige, womit ich mich wirklich anfreunden konnte, war das Rösten von Marshmallows für S'mores am Lagerfeuer - obwohl ich heute lieber etwas anderes zünde. Dieser S'mores-Kuchen ist das Upgrade für die Leckereien am Lagerfeuer, dank des heißen Butterkeks-Bodens. Egal, ob du ein kleiner Pfadfinder oder ein großer, böser Junge wie Bigg Snoop bist: dass dieser Kuchen der heiße Scheiß ist, da gibt's kein Wenn und Aber.

8 PORTIONEN

ZUTATEN FÜR DEN BUTTERKEKSBODEN:

180 g zerkrümelte Butterkekse
3 EL brauner Zucker
¼ TL Salz
85 g geschmolzene Butter

ZUTATEN FÜR DIE SCHOKOFÜLLUNG:

200 g Zucker
40 g Kakaopulver
35 g Stärke
¾ TL Salz
480 ml Vollmilch
300 ml Sahne
1 großes Ei, verquirlt
1 TL Vanilleextrakt

ZUTATEN FÜR DAS MARSHMALLOW-TOPPING:

3 Eiweiße von großen Eiern
250 g Zucker
½ TL Weinsteinpulver
¼ TL Salz
1 TL Vanilleextrakt

FÜR DEN BUTTERKEKSBODEN:
In einer mittelgroßen Schüssel die Butterkekskrümel, den braunen Zucker und das Salz vermischen. Verrühren, die geschmolzene Butter hinzugeben. Mischen, bis die Krümel gut feucht sind. In eine 23 cm-Kuchenform geben und fest in den Boden und an den Rand drücken. Verwendet nach dem Andrücken mit den Fingern einen Messbecher oder ein Glas mit geradem Rand, um die Krümel fest zu fixieren. Die Kruste mindestens 1 Stunde lang einfrieren, oder über Nacht.

DIE SCHOKOFÜLLUNG ZUBEREITEN:

1. In einem mittelgroßen Topf Zucker, Kakaopulver, Speisestärke und Salz verquirlen. Milch und Sahne hinzugeben und erneut verquirlen, bis alles gut vermischt ist.

2. Das Ei hinzufügen und den Topf auf mittlerer bis hoher Stufe erhitzen. Unter ständigem Rühren kochen, bis die Mischung einzudicken beginnt und Blasen an die Oberfläche aufsteigen. Die Hitze auf mittlere Stufe zurückschalten und 45 Sekunden lang kräftig rühren. Die Pfanne vom Herd nehmen.

3. Die Füllung durch ein feinmaschiges Sieb in eine hitzebeständige Schüssel geben. Vanille hinzufügen und unterrühren. Ein Stück Frischhaltefolie direkt auf die Oberfläche des Puddings legen. Im Kühlschrank 2 bis 4 Stunden kühl stellen, dabei gelegentlich umrühren.

4. Sobald der Pudding abgekühlt ist, die Füllung auf den Kuchenboden geben und den Kuchen in den Kühlschrank stellen.

FÜR DAS MARSHMALLOW-TOPPING:

1. Die Schüssel eines Standmixers oder eine andere hitzebeständige Schüssel über einen Topf mit kochendem Wasser stellen. Darauf achten, dass der Boden der Schüssel das Wasser nicht berührt. Fügt das Eiweiß, den Zucker, den Weinstein, das Salz und 60 ml Wasser hinzu. Mit dem Schneebesen rührend 3 bis 4 Minuten kochen, bis sich alles warm anfühlt.

2. Die Schüssel aus dem heißen Wasser nehmen und sie an einen Standmixer mit Schneebesen anschließen. Alternativ könnt ihr auch ein elektrisches Handrührgerät verwenden. 7 Minuten lang auf mittlerer bis hoher Stufe.

3. Fügt die Vanille hinzu. Noch 2 Minuten weiterschlagen, bis die Masse dick und glänzend ist.

4. Nehmt den Kuchen aus dem Kühlschrank. Verteilt den warmen Marshmallow so schnell wie möglich auf der Torte, da der Belag beim Abkühlen sehr schnell zu erstarren beginnt - das gibt viel Marshmallow.

5. Toastet den Marshmallow mit einem Mini-Küchenbrenner. Alternativ könnt ihr auch den Grill vorheizen und einen Rost auf die obere Schiene des Ofens schieben. Den Kuchen kurz unter den Grill legen und dabei genau beobachten, damit er nicht verbrennt.

6. In Scheiben schneiden und sofort mit Butterkeks-Krümeln (falls ihr mögt) bestreut servieren. Der Kuchen schmeckt am besten am Tag der Zubereitung, hält sich aber gekühlt und leicht in Frischhaltefolie eingewickelt 1 bis 2 Tage.

FLIP DAS DING

Wenn ihr keine Zeit habt, den Butterkeksboden zu machen, schmeckt das ganze auch mit einem gekauften Boden heiß.

FEINSTES DINNER

SCHOKO und LOCO ERDBEEREN

ERGIBT ETWA 20 ERDBEEREN MIT SCHOKO-ÜBERZUG

Wenn der **BIGG DOGG** und seine **BOSS LADY** ein Date haben, muss es richtig sinnlich werden – ihr wisst schon, die Duftkerzen entzünden, Rosenblüten verstreuen und klar ein paar von diesen Erdbeeren in Schokotunke essen. Für maximalen Effekt, schmeiß ich "Der Prinz aus Zamunda" an und lass' mich von meiner Liebsten in der Badewanne füttern ... **ECHTER PLAYA HALT**, merkt ihr schon, was?

500 g	frische Erdbeeren (mit Stiel), gewaschen und abgetrocknet
300 g	Zartbitterschokolade
100 g	Weiße Schokolade

1. Ein Backblech mit Backpapier auslegen.

2. Ein Wasserbad vorbereiten: Stellt eine kleine hitzebeständige Schüssel auf einen kleinen Topf mit kochendem Wasser. Achtet darauf, dass der Boden der Schüssel das Wasser nicht berührt. Die Zartbitterschokolade hinzufügen und unter gelegentlichem Rühren mit einem Gummispatel schmelzen, bis die Masse glatt ist. Alternativ in eine mikrowellengeeignete Schüssel geben und bei hoher Leistung in 30-Sekunden-Schüben in der Mikrowelle erhitzen, dabei nach jedem Schritt umrühren, bis die Schokolade geschmolzen und glatt ist. Sobald sie geschmolzen ist, die Schüssel von der Hitze / aus der Mikrowelle nehmen.

3. Eine Erdbeere am Stiel festhalten und in die geschmolzene Schokolade tunken. Lasst den Überschuss zurück in die Schüssel tropfen, bevor ihr die Erdbeere vorsichtig auf das vorbereitete Backblech legt. Falls sich der Stiel beim Eintauchen löst, können ihr die Erdbeere mit einer Gabel aus der Schokolade nehmen. Wenn die Schokolade abkühlt, während ihr arbeitet, stellt sie wieder auf den Herd oder in die Mikrowelle und erwärmt sie erneut.

4. Wiederholt den Vorgang mit den restlichen Erdbeeren. Lasst die Schokolade fest werden, bevor ihr mit dem nächsten Schritt fortfahrt. Ihr könnt diesen Vorgang beschleunigen, indem ihr das Blech in den Kühlschrank oder das Gefrierfach legt.

5. Gebt die weiße Schokolade in eine saubere, hitzebeständige Schüssel, die ihr über denselben Topf mit kochendem Wasser haltet. Mit einem sauberen Gummispatel umrühren, bis die Schokolade geschmolzen ist. Alternativ könnt ihr auch die Anweisungen in Schritt 2 für das Schmelzen in der Mikrowelle befolgen.

6. Füllt die geschmolzene weiße Schokolade vorsichtig in einen Gefrierbeutel. Verschließt den Beutel und schneidet ein kleines Loch in die untere Ecke des Beutels. Die weiße Schokolade dekorativ auf die Erdbeeren spritzen. Stellt die dekorierten Erdbeeren mindestens 30 Minuten lang in den Kühlschrank, damit sie fest werden. Die Erdbeeren halten sich gekühlt und leicht in Frischhaltefolie eingewickelt bis zu 3 Tage.

Go Shorty, Hier's Deine Geburtstagstorte

Geburtstage sind das Beste. Alle behandeln dich wie 'nen König und du bekommst all die Leckereien, die dazugehören – ich spreche von Geburtstagskarten, Geburtstagsgeschenken und, oh ja, dem Geburtstagskuchen. Dieses Rezept wird euch nach jedem Bissen in Partylaune bringen. Und nachdem ihr das letzte Stück gegessen habt, gibt es nur noch eins: den Geburtstagsanzug anziehen, damit der Geburtstags-Sex losgeh'n kann. Ein Hoch auf meinen Freund Jeremih!

10 BIS 12 PORTIONEN

FÜR DEN SCHOKOKUCHEN:

280 g Mehl
400 g Zucker
60 g Kakaopulver
2 TL Backpulver
1½ TL Natron
½ TL Salz
240 ml Buttermilch
120 ml Pflanzenöl
3 große Eier
2 TL Vanilleextrakt
240 ml kochendes Wasser

FÜR DIE SCHOKOGLASUR:

330 g Butter bei Zimmertemperatur
80 g Kakaopulver
600 g Zucker
120 ml Vollmilch
1 TL Vanilleextrakt
Schokostreusel zum Verzieren

UM DEN SCHOKOKUCHEN ZU MACHEN:

1. Heizt den Backofen auf 180°C vor, den Rost auf der mittleren Schiene. Buttert zwei runde Kuchenformen, je ca. 23 cm. Bestäubt die Formen leicht mit Mehl und klopft überschüssiges Mehl ab.

2. In der Schüssel einer Küchenmaschine mit Rührbesen oder in einer großen Schüssel mit einem Handrührgerät Mehl, Zucker, Kakaopulver, Backpulver, Natron und Salz gut vermischen.

3. Die Buttermilch, das Pflanzenöl, die Eier und die Vanille hinzufügen. Auf mittlerer Stufe verrühren, bis alles gut vermischt ist. Reduziert die Geschwindigkeit auf niedrig und gebt bei laufendem Mixer vorsichtig das kochende Wasser zum Teig. Weiter mixen, bis alles gut vermischt ist. Verteilt den Teig gleichmäßig auf die vorbereiteten Formen.

4. Die Formen in den Ofen schieben und 30 bis 35 Minuten backen, dabei die Formen nach der Hälfte der Backzeit drehen, um ein gleichmäßiges Garen zu gewährleisten, oder bis ein Zahnstocher in der Mitte des Kuchens sauber herauskommt.

FÜR DIE SCHOKOGLASUR:

1. In der Zwischenzeit in einer großen Schüssel mit dem Handrührgerät Butter und Kakaopulver zu einer glatten Masse aufschlagen.

2. Den Puderzucker, die Milch und die Vanille hinzugeben. Etwa 1 Minute lang auf höchster Stufe schlagen. Wenn die Glasur zu trocken ist, fügt nach und nach etwas mehr Milch hinzu, bis die richtige Konsistenz erreicht ist. Die Glasur abdecken und bis zur Verwendung im Kühlschrank aufbewahren; vor der Verwendung auf Raumtemperatur bringen.

DIE GEBURTSTAGSTORTE FERTIGSTELLEN:

1. Nehmt die Kuchen aus dem Ofen und stellt sie für 10 Minuten auf ein Drahtgestell zum Abkühlen. Mit einem Messer an den Innenkanten der Formen entlangfahren, um den Teig zu lösen. Die Böden aus den Formen auf ein Gitter stürzen und vollständig abkühlen lassen.

2. Den unteren Boden mit der Oberseite nach unten auf eine Kuchenplatte oder einen Kuchenständer legen. Mit einem Spachtel etwa ein Drittel der Glasur bis zum Rand auf der Oberseite des Bodens verteilen.

3. Die zweite Schicht vorsichtig mit der flachen Seite nach unten auf die erste Schicht legen und leicht andrücken, um die beiden Schichten zu verbinden. Ein weiteres Drittel des Zuckergusses auf der Oberseite bis zum Rand verstreichen. Bestreicht die Seiten des Kuchens mit der restlichen Glasur und dreht dabei den Teller oder Ständer.

4. Verziert die Torte nach Belieben mit Streuseln auf der Oberseite oder rundum, ganz nach Laune.

Heftig Harter Hustler Schoko-Cheesecake

Früher schickte mein Kumpel Puff Daddy seine Leute durch ganz New York City, um den perfekten Cheesecake zu finden. Da oben werdet ihr aber kaum den heißen Scheiß finden, den ich euch hier zeige: mein Cheesecake ist so Bombe, dass Puff dafür mit seinem Privatjet vom Big Apple nach LBC fliegt. Wenn ich euch jetzt dieses Rezept für das beste Dessert ever verrate, ist das kein East- oder West-Coast-Thema mehr. Das Ding geht weltweit steil, und das direkt in eurer Küche.

10 BIS 12 PORTIONEN

FÜR DEN SCHOKOBODEN:

255 g Schoko-Butterkekse
3 EL Zucker
½ TL Salz
110 g geschmolzene Butter

FÜR DIE SCHOKOFÜLLUNG:

270 g Zartbitterschokolade
680 g Frischkäse (Zimmertemperatur)
150 g Puderzucker
¾ TL Salz
5 EL saure Sahne
1 TL Vanilleextrakt

Kakaopulver zum Bestäuben

UM DEN SCHOKOBODEN ZU MACHEN:

1. Fettet eine 23 cm Springform mit weicher Butter ein. Den Boden und die Seiten mit Backpapier auslegen.

2. In einer Küchenmaschine die Schokokekse, den Zucker und das Salz vermischen. So lange verarbeiten, bis sie fein gemahlen sind. Die

geschmolzene Butter hinzugeben und durchmischen, bis die Krümel gleichmäßig angefeuchtet sind, dabei die Schüssel bei Bedarf auskratzen. Alternativ könnt ihr die Waffeln, den Zucker und das Salz in einen großen Gefrierbeutel geben, den Beutel verschließen, so viel Luft wie möglich herausdrücken und den Inhalt mit einem Nudelholz zerdrücken. Die Krümel in eine mittelgroße Schüssel geben und die geschmolzene Butter hinzufügen. Mit einem Gummispatel umrühren, um sie gut zu durchmischen.

3. Die Kekskrümel in die vorbereitete Form geben und fest in den Boden und bis zur Hälfte der Seiten der Form drücken. Die Krümel fest fixieren. Die Kruste mindestens 1 Stunde lang einfrieren, oder auch über Nacht.

UM DIE SCHOKOFÜLLUNG ZUZUBEREITEN:

1. Stellt eine mittelgroße hitzebeständige Schüssel über einen Topf mit kochendem Wasser. Achtet darauf, dass der Boden der Schüssel das Wasser nicht berührt. Die Zartbitterschokolade hinzufügen und unter gelegentlichem Rühren mit einem Gummispatel schmelzen lassen, bis die Masse glatt ist. Alternativ könnt ihr die Schokoladenchips in eine mittelgroße mikrowellengeeignete Schüssel geben und bei hoher Leistung in 30-Sekunden-Schüben in der Mikrowelle erhitzen, wobei ihr nach jedem Schritt umrührt, bis die Schokolade geschmolzen und glatt ist. Vor der Verwendung auf Zimmertemperatur abkühlen lassen.

2. In der Schüssel eines Standmixers mit Rührbesen oder in einer großen Schüssel mit einem elektrischen Handrührgerät Frischkäse, Puderzucker und Salz verrühren. Auf mittlerer bis niedriger Stufe schlagen, dabei die Schüssel bei Bedarf mit einem Gummispatel abkratzen.

3. Die saure Sahne zu der abgekühlten Schokolade geben und mit dem Schneebesen verrühren. Die Schokoladenmischung unter die Frischkäsemasse heben. Auf mittlerer bis niedriger Stufe schlagen, bis die Masse glatt ist. Die Vanille hinzufügen und weitere 30 Sekunden schlagen. Die Füllung auf den vorbereiteten Boden geben und mit einem Spachtel oder einem Buttermesser glattstreichen. Den Kuchen mit Frischhaltefolie abdecken und 4 bis 5 Stunden im Kühlschrank fest werden lassen.

4. Wenn der Kuchen servierfertig ist, die Seiten der Form vorsichtig entfernen. Um den Boden zu entfernen, schiebt ein langes, Messer zwischen die Kruste und den Boden, um ihn zu lösen. Den Kuchen auf eine Servierplatte stellen, mit einem Messer in Keile schneiden. Haltet das Messer vor jedem Schnitt unter heißes Wasser, um saubere Scheiben zu erhalten. Die Scheiben mit Kakaopulver bestäuben und servieren.

5. Der Kuchen hält sich im Kühlschrank, fest in Frischhaltefolie eingewickelt, bis zu 3 Tage, ist aber am besten am Tag der Zubereitung.

OG MUNCHIES
*
CANDY CLUB

~ 1 ~
STARBURSTS

Echt zäh, echt fruchtig, echt gut – ich habe für jeden Geschmack die passende Sorte. Ich bin der Sommelier der Starbursts und verpass euch die richtige Mische. Zitrone ist out – jeder weiß, dass die in Rot und Rosa das Ding sind.

~ 2 ~

SKITTLES

Wenn ich nachts den Hieper krieg', sind Skittles das Ding. Ihr könnt sicher sein, dass ich immer eine Jumbo-Tüte für mich in Reichweite hab – und für alle, die nach der Show hinter der Bühne auftauchen, um den Dogg in seinem Element zu besuchen.

~ 3 ~

BABY RUTH MINIS

Ein Genuss für jeden Raucher. Minis hab ich immer dabei, damit ihr nicht hungern müsst. Ist zwar nicht Halloween und ich geb euch auch nich' Saures, aber der Geschmack dieser knackigen Minis ist verdammt nochmal ein Genuss, und das wisst ihr auch.

~ 4 ~

ORBIT

Wenn ihr Reime so frisch spuckt wie ich, müsst ihr auch immer einen guten Atem haben. Wie seh' ich aus, wenn ich losleg' und mir der Muff aus dem Grill kommt? Deshalb hält Orbit den Boss Dogg immer eiiiskalt.

~ 5 ~

TWIZZLERS/ ROTE SCHNÜRE

Es gibt nix Besseres, als wieder wie ein Kind auf so 'nem Ding 'rumzukauen. Und es ist immer noch zum Brüllen, 'nem Homie damit einen in den Nacken zu hauen, wenn er nicht aufpasst!

KAPITEL 5

Drinks

JEDER WEISS, dass Gin & Juice mein Lieblingsgetränk ist. Seit ich '93 mein erstes Album *Doggystyle* herausgebracht habe, steh' ich auf Tanqueray und ich feier den immer noch so. Ratet mal, wer den Guinness-Weltrekord für den größten Gin & Juice der Welt hält? Das ist richtig - Tha Bigg Boss Dogg. Mit dem Tanqueray-Cocktail "Laid Back" habe ich das Rezept sogar etwas abgewandelt - der Gin schmeckt richtig gut, wenn man ihn mit einem Spritzer Ananas und etwas Cîroc von meinem Kumpel Puff mischt. Hal-looo!

Meine Freundin Martha hat mir eine Menge anderer Cocktails vorgestellt – ausgefallene Scotch- und Rumgetränke und alle möglichen Drinks, die euch korrekt einnorden. Und über das Testen all dieser verrückten Gebräue bin ich zu einem echten Spirituosenkenner geworden. Versteht ihr? Ich hab' für euch experimentiert, und hier sind jetzt die Rezepte für das nächste Mal, wenn ihr und eure Crew in Partylaune seid.

OG Gin & Juice

Die Straße runter rollen, schön rauchen ... ja, den Rest kennt ihr. G&J ist mein Lieblingsgetränk, seit damals die Homies Flaschen aus dem Schnapsladen klauten. Wenn ihr damals mit mir trinken wolltet, musstet ihr ein paar Kröten dazugeben. Jeder hatte seinen eigenen Becher, aber wenn man nicht einzahlte, war der junge Snoop Doggy Dogg nicht in Geberlaune. Aber wenn ihr 'n paar Scheine im Spiel hattet, hab ich euch vielleicht 'nen Schluck abgegeben.

ZUTATEN
Gin
Orangensaft

Nehmt Gin, nehmt Saft, mixt das Zeug ... fertig.

OG Gin & Juice

Gin & Juice (Der Remix)

Nach dem Original kommt der Remix. Nach 25 Jahren, in denen ich den Tanqueray mit O-Saft gemischt habe, war's an der Zeit, dem Klassiker 'ne neue Wendung zu geben. Und Leute, das ist mir mit dem Tanqueray "Laid Back" gelungen! Wir hauen immer noch einen Spritzer Saft rein, jetzt aber mit Ananas, um dem Ganzen einen tropischen Touch zu geben. Um das Ganze abzurunden, krönen wir es mit etwas Cîroc-Wodka. Bingo! Gin & Juice 2.0.

1 PORTION

ZUTATEN

30 ml Gin (am besten Tanqueray)
30 ml Wodka mit Apfelaroma
60 ml Ananassaft
Limettenscheibe und Ananasblätter als Garnitur

1. Füllt einen Cocktailshaker mit Eis. Gin, Wodka und Ananassaft hinzufügen. Mixen.

2. In ein Glas mit Eiswürfeln abseihen und mit Ananasblättern und einer Limettenscheibe garnieren. Sofort servieren.

Der Goody Gimlet

Für Hunde, die die Schnauze etwas höher tragen, gibt es hier einen Cocktail, der etwas edler ist als der Gin mit Saft, den ich aus einem Plastikbecher geschlürft habe. Er hat sogar einen arschcoolen Namen: Gimlet.

1 PORTION

ZUTATEN

60 ml Gin (am besten Tanqueray)
30 ml frisch gepresster Limettensaft
15 ml Zuckersirup (siehe S. 144)
Mineralwasser
Limettenscheibe

1. Kühlt eine Cocktailschale.
2. Füllt einen Cocktailshaker mit Eis. Gin, Limettensaft und Zuckersirup hinzugeben. Den Shaker schließen und 30 Sekunden lang gut schütteln.
3. In die gekühlte Cocktailschale abseihen und mit Mineralwasser auffüllen. Mit dem Limettenrad garnieren und sofort servieren.

Jet Settin' Negroni

Nein, das ist kein Peroni, es ist ein Negroni. Nach dem Genuss dieses italienischen Cocktails werdet ihr schwören, so fly zu sein wie ein Mailänder Mega-Model – der Wermut im Mix gibt euch das smootheste Feeling. Passt nur auf, dass ihr nicht zu viele davon kippt, sonst haut's euch schnell vom Catwalk!

1 PORTION

ZUTATEN

30 ml Gin (am besten Tanqueray)
30 ml Campari
30 ml süßer Wermut
Orangenschale als Garnitur

1. Füllt einen Cocktailshaker mit Eis. Gin, Campari und süßen Wermut hinzugeben. Umrühren.

2. Einen Tumbler mit Eis füllen. Den Negroni in das Glas abseihen. Die Orangenschale hinzufügen und sofort servieren.

Sauberst Dreckiger Martini

Hört her, Gs: clean-cut ist nicht immer passend. Manchmal mag dein Mädchen den Dogg dirty, und dieser Dirty Martini wird es ihr besorgen. Geschüttelt, nicht gerührt, wie mein Kumpel James Bond sagen würde. Und was haben Bond und ich gemeinsam? Wir sind beide Spieler mit einem guten Geschmack bei Cocktails. Versteht ihr?

1 PORTION

ZUTATEN

90 ml	Gin (am besten Tanqueray)
30 ml	trockener Wermut
1	guter Schluck Olivenlake
3	gefüllte Oliven

1. Ein Martini-Glas kühlen.

2. Einen Cocktailshaker mit Eis füllen. Gin, Wermut und Olivenlake hinzugeben. Den Shaker abdecken und 30 Sekunden lang gut schütteln.

3. In das gekühlte Martiniglas abseihen. Die Oliven dazugeben und sofort servieren.

Wake 'n' Bake Leichen-Erwecker

Hast du einen fiesen Kater, weil du letzte Nacht im Club zu lange gefeiert hast? Dann hat der Dogg dieses flüssige Katerfrühstück, das dich wieder auf die Beine bringt. Das Geld sitzt nicht herum und wartet; du musst aufstehen, rausgehen und das Business checken.

1 PORTION

ZUTATEN

30 ml	Gin (am besten Tanqueray)
30 ml	Cointreau
30 ml	süßer Wermut
½ EL	frisch gepresster Zitronensaft
	Orangenschale als Garnitur

1. Kühlt ein Martini-Glas.

2. Einen Cocktailshaker mit Eis füllen. Gin, Cointreau, Wermut und Zitronensaft hinzugeben. Den Shaker abdecken und 30 Sekunden lang gut schütteln.

3. In das gekühlte Martiniglas abseihen und mit der Orangenschale garnieren. Sofort servieren.

Happy Hour Cranberry Wodka

Dieser Drink ist ein einfacher Klassiker. Wenn ihr was Klares zur Erfrischung braucht, haut ein wenig Cranberry in den Cîroc. Es ist Happy Hour. Und wenn der Dogg happy ist, seid ihr es auch.

1 PORTION

ZUTATEN

30 ml	Wodka (Cîroc)
30 ml	Cranberrysaft
½ EL	frisch gepresster Limettensaft
	Limettenscheibe als Garnitur

1. Einen Tumbler kühlen.

2. Einen Cocktailshaker mit Eis füllen.

3. Wodka, Cranberrysaft und Limettensaft hinzugeben. Den Shaker abdecken und 30 Sekunden lang gut schütteln.

4. In ein gekühltes Glas mit Eiswürfeln abseihen und mit einer Limettenscheibe garnieren. Sofort servieren.

French Connection 75

Diesen Cocktail rocke ich zu gerne – der Champagner verleiht dem Gin zusätzlichen Pep. Fügt etwas Zuckersirup hinzu, um das Ganze süß zu halten, und ihr habt einen *très bon drink. Oui, oui!*

ZUCKERSIRUP

Zuckersirup ist das easy-izzelste Ding um eure Cocktails zu verfeinern. Bringt in einem Topf 480 ml Wasser und 400 g Zucker zum Kochen. Umrühren, bis der Zucker sich aufgelöst hat. Auf Zimmertemperatur abkühlen lassen. Hält sich in einem verschlossenen Behälter im Kühlschrank bis zu 1 Monat. Rausholen, wenn es Zeit für die Party ist.

1 PORTION

ZUTATEN

60 ml Gin (am besten Tanqueray)
15 ml frisch gepresster Zitronensaft
15 ml Zuckersirup (siehe links)
60 ml Champagner
Zitronenschale als Garnitur

1. Eine Sektflöte kühlen.
2. Einen Cocktailshaker mit Eis füllen. Den Gin, den Zitronensaft und den Zuckersirup hinzufügen. Den Shaker abdecken und 30 Sekunden lang gut schütteln.
3. In die gekühlte Sektflöte abseihen und mit Champagner auffüllen. Mit der Zitronenspirale garnieren und sofort servieren.

That Thang Singapore Sling

Die Stadt, das Land, die Insel: das alles ist Singapur. Einer der wenigen Orte auf Gottes grüner Erde, die der Dogg noch nicht durchstreift hat. Eines Tages werde ich's noch von meiner Liste streichen. Aber bis dahin, in der Zwischenzeit, fahren wir erstmal zum Laden an der Ecke und lassen es krachen.

1 PORTION

ZUTATEN

90 ml	Ananassaft
30 ml	Gin (am besten Tanqueray)
15 ml	Cointreau
½ EL	frisch gepresster Limettensaft
½ EL	Grenadine
	Mineralwasser

1. Ein Collins-Glas kühlen.
2. Einen Cocktailshaker mit Eis füllen. Ananassaft, Gin, Cointreau, Limettensaft und Grenadine hinzugeben. Den Shaker abdecken und 30 Sekunden lang gut schütteln.
3. In das gekühlte Collins-Glas abseihen und mit Mineralwasser auffüllen. Sofort servieren.

SNOOP

KAPITEL 6

Partys

Thanksgiving: Bei Mir Daheim

GLAUBT'S MIR – Thanksgiving ist einer der wichtigsten Kochtage des Jahres. Es ist superwichtig, dass ihr am T-Day einen tollen Koch in der Küche habt. Ich mein' deine Mama, deine Tante … jemanden, der genau weiß, wie viel Käse in die Makkaroni gehört, oder der die perfekte Soße macht, um damit den ganzen Teller vollzukleckern. Ich habe zufällig alle großartigen Broadus-Familienrezepte von meinen Großmüttern, Cousins und Cousinen gelernt. Ein paar dieser Rezepte waren nicht leicht zu bekommen – ihr wisst ja, dass Familien ihre Geheimnisse nie verraten! Aber ich hab' dafür gekämpft, damit ihr es nicht tun müsst. Folgt der Anleitung des Doggs, und eurer Truthahn wird nie trocken, eure Beilagen werden nie fad sein!

MENÜ

BEATS and BITES

Am T-Day sagen wir Dank, also ist es nur korrekt Songs auszuwählen, die genau das tun. Die Clark Sisters sorgen dafür, dass alle "HALLELUJAH" sagen, bevor ihr den ersten Bissen nehmt. Omas und Tanten werden tanzen, wenn Stevie auftritt, und zum Abschluss legen wir feinste Cuts von meinen Kumpel Busta auf. An einem Tag wie diesem gibt es keine angemessenere Botschaft als "DANKE."

~ 1 ~

BLESSED & HIGHLY FAVORED

THE CLARK SISTERS

~ 2 ~

LOVE ON TOP

BEYONCÉ

~ 3 ~

THE JOY

JAY-Z & KANYE WEST

~ 4 ~

KEEP YA HEAD UP

2PAC

~ 5 ~

BEFORE I LET GO

MAZE

~ 6 ~

EXTREMELY BLESSED

2 CHAINZ

~ 7 ~

DO I DO

STEVIE WONDER

~ 8 ~

BLACK OR WHITE

MICHAEL JACKSON

~ 9 ~

I'M COMING OUT

DIANA ROSS

~ 10 ~

THANK YOU

BUSTA RHYMES

Kein Alter Scheiss: Gewürzter Truthahn mit Soße

Was wäre Thanksgiving ohne 'nen großen Vogel? Wenn ihr das Glück habt, einen Platz am Tisch zu ergattern, könnt ihr meinen Truthahn mit Orangenschale und Orangensauce probieren. Oookayyy, die meisten verwenden dazu Zitrone, aber ich bin ein Anführer, kein Mitläufer. Das Ergebnis spricht für sich selbst, und wenn ihr das erst mal probiert habt, werdet ihr nie wieder Zitrone verwenden.

8 BIS 12 PORTIONEN

FÜR DEN GEWÜRZTEN TRUTHAHN:

- 1 ganzer Truthahn (4,5 - 6,5 Kilo)
- 40 g Kochsalz
- 2 mittelgroße Orangen
- 2 Zweige Salbei
- 2 Zweige Rosmarin
- 8 Zweige Thymian
- 110 g Butter bei Zimmertemperatur
- 3 Knoblauchzehen
- 3 mittelgroße Zwiebeln, je in 8 Spalten geschnitten
- frisch gemahlener Pfeffer

FÜR DIE SAUCE:

- 300 ml Hühnerbrühe
- 2 EL Mehl
- 4 gehackte glatte Petersilie (falls ihr mögt)

UM DEN GEWÜRZTEN TRUTHAHN ZU MACHEN:

1. Den Truthahn am Abend vor der Zubereitung aus der Verpackung nehmen und den Beutel mit den Innereien aus der Bauchhöhle entfernen. Den Truthahn in der (sauberen!) Spüle außen und innen abspülen, trockentupfen. Salz auf den Truthahn streuen mit den Händen gleichmäßig auf der Haut einreiben. In einen hohen Bräter legen und über Nacht oder bis zu 24 Stunden lang unbedeckt in den Kühlschrank stellen.

2. Am Tag, an dem ihr den Truthahn zubereiten wollt, die Kräuterbutter zubereiten: mit einer Raspel die Schale von 1 Orange abreiben und in eine mittelgroße Schüssel geben. Die Blätter von den Salbei-, Thymian- und Rosmarinzweigen abzupfen und fein hacken; die Stiele aufbewahren. Die gehackten Kräuter, die Butter und den Knoblauch zu den Orangenschalen geben. Vermischen.

3. Den Backofen auf 165°C vorheizen, den Rost auf der unteren Schiene.

4. Den Truthahn im Bräter aus dem Kühlschrank nehmen und in die saubere Spüle legen, abspülen, trockentupfen. Steckt jetzt eure Finger zwischen Haut und Fleisch auf Brust und Schenkel, um die Haut vom Fleisch zu lösen. Achtet darauf, dass die Haut nicht einreißt oder sich ganz ablöst. Mit einem Löffel die Haut vorsichtig anheben und löffelweise die Kräuterbutter zwischen Haut und Fleisch verteilen. Drückt die Butter mit den Händen an und verteilt sie gleichmäßig. Reibt die in der Schüssel verbliebene Kräuterbutter über die gesamte Außenseite des Truthahns. Dann den Vogel großzügig mit Pfeffer würzen.

5. Legt 8 Zwiebelspalten und die Kräuterstängel in den Bauch des Truthahns. Die restlichen Zwiebelspalten in der Mitte des Bräters so anordnen, dass sie sich berühren. Den Truthahn mittig auf die Zwiebeln legen; in den Ofen schieben und backen, bis die Außenseite goldbraun ist und ein Thermometer, das in den Oberschenkel gesteckt wird (ohne den Knochen zu berühren), mindestens 75°C anzeigt. Dabei immer wieder mit dem austretenden Bratensaft begießen, damit die Haut nicht verbrennt.

6. Truthahn aus dem Ofen nehmen und 20 Minuten ruhen lassen. Hebt den Vogel vorsichtig auf ein Schneidebrett und deckt ihn locker mit Alufolie ab.

DIE SAUCE ZUBEREITEN:

1. Stellt ein Sieb über einen Glasmessbecher und gießt das Bratfett und die Zwiebeln hinein. Sobald das Bratfett vollständig abgetropft ist, die Zwiebeln in einer kleinen Schüssel beiseite stellen. 2 EL des Fetts, das an die Oberfläche steigt, ablöffeln und in einen mittelgroßen Topf geben; das restliche Fett weiter entfernen; es wird nicht mehr gebraucht. Sobald das gesamte Fett entfernt ist, den Saft der zwei Orangen zum Bratfett geben. So viel Hühnerbrühe hinzufügen, dass ihr 500 ml Flüssigkeit erhaltet.

WEITER AUF S. 156

2. Den Topf auf mittlere bis hohe Hitze stellen, um das ausgelassene Fett zu erwärmen. Die Hälfte der abgetropften Zwiebeln hinzufügen (die andere Hälfte aufbewahren). Unter Rühren 3 bis 5 Minuten kochen, bis die Zwiebeln anfangen, auseinanderzufallen und an den Rändern zu karamellisieren.

3. Das Mehl hinzugeben. und 1 Minute lang unter ständigem Rühren kochen. Das Bratfett-Saft-Gemisch einrühren und zum Köcheln bringen. Unter Rühren 6 bis 8 Minuten kochen, bis eine dicke Soße entsteht. Vom Herd nehmen und mit Salz und Pfeffer abschmecken. Wenn ihr eine glatte Soße wollt, gebt sie in einen Mixer und püriert sie, bis sie glatt ist. Die Petersilie (falls ihr mögt) unterrühren und die Soße in eine Servierschüssel oder eine Sauciere geben.

ZUM AUFSCHNEIDEN BEFOLGE DIE GOLDENEN ACHT

Ich erklär euch das mal gaaanz einfach:

1. Schneidet beide Beine weg und trennt die Schenkel von den Keulen.
2. Entfernt die Knochen aus den Schenkeln und schneidet das Schenkelfleisch grob in Stücke.
3. Die Brüste im Ganzen auslösen und dann nach Belieben quer in Scheiben schneiden.
4. Die Flügel in ganzen Stücken auslösen.
5. Die Brustscheiben zusammen in der Mitte einer Servierplatte anordnen.
6. Die Flügel auf einer Seite und die Keulen auf der gegenüberliegenden Seite zusammenlegen.
7. Das Oberschenkelfleisch unter die Brustscheiben legen und die zurückgelegten Röstzwiebelspalten darauf stapeln.
8. Die Platte mit frischen Kräuterzweigen garnieren und warm mit der Soße servieren.

SNOOP

Goodie Goodie Grüne Bohnen

An Thanksgiving werdet ihr nicht die buntesten Farben auf eurem Teller sehen. Eine ganze Menge Grau, Braun und Orange. Aber ihr kennt Big Snoop Dogg, und habt mitgekriegt, dass ich heiß auf Grünzeug bin. Und Leute, feine grüne Bohnen sind ein absolutes Muss in meiner Hood und eurer, um die Mahlzeit zu komplettieren. Schmeißt einfach Butter und Zitrone dazu, dann schmeckt's so gut wie's aussieht. Nach dem Essen könnt ihr dann das andere Grünzeug rausholen – genau: das, das so gut qualmt wie es riecht ...

8 PORTIONEN

ZUTATEN

900 g geputzte Prinzessbohnen
85 g Butter
Schale von einer Zitrone, abgerieben
frisch gemahlener Pfeffer
Salz

1. Bringt einen großen Topf mit Salzwasser zum Kochen. Die grünen Bohnen hinzufügen. 3 bis 4 Minuten kochen; die Bohnen sollten noch knackig sein. Abgießen und beiseite stellen.

2. In einer großen Pfanne die Butter schmelzen. Die Pfanne so schwenken, dass der Boden vollständig bedeckt ist, und genau beobachten. Nach etwa 5 Minuten sollte die Butter schäumen und nussig riechen.

3. Die grünen Bohnen hinzufügen. Umrühren, damit sie gleichmäßig mit der gebräunten Butter bedeckt sind.

4. Zitronenschale drüber streuen, mit Salz und Pfeffer würzen. Weitere 3 bis 4 Minuten sautieren. Mit Salz und Pfeffer abschmecken.

5. Die grünen Bohnen könnt ihr mit Alufolie abgedeckt oder bei schwacher Hitze im Ofen aufbewahren, bis sie serviert werden.

K.O.P.: Kartoffel Original Püree

Die Zeit ist gekommen, da ihr den Teller füllen müsst, um euch auf die kommende kalte Jahreszeit vorzubereiten. Sogar in Kalifornien wird das Wetter im November kälter, so dass ihr nicht mehr auf eure Bikinifigur achten müsst. Das ist auch gut so, denn wisst ihr, ich hau Sahne in den Brei, um meinem Püree die klassische, buttrige Konsistenz zu verleihen. Es sind die Feiertage - entspannt den Geist und lasst eurem Bewusstsein freien Lauf. Wie Rick James sagt: "It's a celebration, bitches!"

8 PORTIONEN

ZUTATEN

1,8 kg	Kartoffeln, geschält und geviertelt
55 g	Butter
600 ml	Sahne
120 g	Mayonnaise
	frisch gemahlener Pfeffer
	Salz

1. Bringt einen großen Topf mit stark gesalzenem Wasser bei starker Hitze zum Kochen. Reduziert die Hitze auf mittlere Stufe und gebt die Kartoffeln hinzu. 20 bis 25 Minuten kochen, bis sie weich sind (mit einer Gabel prüfen). Abgießen und mit einem feuchten Handtuch bedeckt beiseite stellen.

2. Den Topf wieder auf mittlere Hitze stellen und die Butter zum Schmelzen bringen.

3. Sahne und Mayonnaise hinzugeben. Verquirlen, bis sie sich vermischt haben.

4. Die Kartoffeln zurück in den Topf geben. Mit einem Kartoffelstampfer zerdrücken, um die Zutaten zu verbinden. Abschmecken und mit Salz und Pfeffer würzen. Sofort servieren.

My My My Süßkartoffel-Pie

Heutzutage sieht's aus, als könnten die Leute nicht genug von Pumpkin Spice kriegen. Und Pumpkin Pie gehört für viele zu Thanksgiving dazu. Aber ihr wisst ja, dass der Dogg die Dinge anders fährt – und das hier ist ein echtes Ghetto-Grundnahrungsmittel. Wie mein bester Kumpel Domino sagen würde: "*My my my, can I get a piece of that sweet potato pie?*"

8 PORTIONEN

FÜR DEN KUCHENBODEN:

175 g	Mehl
1 EL	Zucker
¼ TL	Backpulver
1 TL	Salz
55 g	kalte Butter
90 g	kalte Margarine

FÜR DIE FÜLLUNG:

4	große Süßkartoffeln
120 ml	Vollmilch
75 ml	geschmolzene Butter
2	große Eier
200 g	brauner Zucker
1 TL	Salz
½ TL	gemahlene Muskatnuss
	Schale von 1 Orange

UM DEN KUCHENBODEN ZU MACHEN:

1. Mehl, Zucker, Backpulver und Salz in einer Küchenmaschine gut vermischen.

2. Die Butter und die Margarine in Würfel schneiden und in die Küchenmaschine geben. So lange mischen, bis die Mischung grobem Mehl ähnelt und dann in eine große Schüssel geben.

3. Nach und nach etwa 3 Esslöffel [45 ml] Wasser

hinzufügen – es kann sein, dass nicht alles benötigt wird – und mit einem Holzlöffel oder den Händen verrühren, bis sich ein Stück Teig zwischen zwei Fingern zusammendrücken lässt und seine Form behält. Knetet den Teig in der Schüssel mit den Händen so gut ihr könnt, um alle bröckeligen Teile einzuarbeiten. Den Teig in Frischhaltefolie einwickeln und mindestens 2 Stunden, am besten über Nacht, in den Kühlschrank stellen.

DIE FÜLLUNG MACHEN:

1. Den Backofen auf 200° C vorheizen, mit dem Rost auf der mittleren Schiene. Eine 23 cm Kuchenform leicht buttern.

2. Die Süßkartoffel- auf ein Backblech legen und in den Ofen schieben. Je nach Größe 40 bis 90 Minuten lang backen, bis sie ganz weich sind. Aus dem Ofen nehmen und abkühlen lassen, bis ihr sie gut anfassen könnt. Die Schale abziehen.

3. Die geschälten Süßkartoffeln in eine Küchenmaschine geben. Mixen, bis sie glatt sind – es sollten etwa 600 g Süßkartoffelpüree entstehen. Fügt die Milch, die geschmolzene Butter, die Eier, den braunen Zucker, das Salz, die Muskatnuss und die Orangenschalen hinzu. Die Masse so lange mischen, bis sie glatt ist, die Schüssel bei Bedarf auskratzen.

DEN KUCHEN BACKEN:

1. Den Teig auf eine leicht bemehlte Arbeitsfläche legen und zu einem großen Kreis ausrollen, der etwas größer als der Boden einer 23 cm Kuchenform ist. Den Teig in die Kuchenform legen und vorsichtig andrücken.

2. Die Süßkartoffelfüllung auf den Boden geben.

3. Den entstandenen Pie auf der mittleren Schiene in den Ofen schieben. Für 60 bis 90 Minuten backen, dabei den Kuchen nach der Hälfte der Backzeit umdrehen, um ein gleichmäßiges Garen zu gewährleisten. Den Kuchen mit Alufolie abdecken, wenn die Kruste bräunt, bevor der Belag fest ist. Der Kuchen ist fertig, wenn ein in die Mitte eingeführtes Messer sauber herauskommt und die Kruste goldbraun ist. Vollständig abkühlen lassen und bei Zimmertemperatur servieren.

4. Der Kuchen kann zugedeckt im Kühlschrank bis zu 3 Tage aufbewahrt werden, oder fest in Plastik- oder Alufolie eingewickelt im Gefrierschrank bis zu 2 Monate.

Spieltag: Zeit Für Football

JEDER WEISS, dass der Bigg Boss Dogg ein eingefleischter Pittsburgh Steelers Fan ist, und nur wenige Feiertage nehm' ich so ernst wie den Spieltag. Ich trainier' ja sogar meine eigene Jugend-Football-Liga, die SYFL. Und Trainieren macht Spaß, aber manchmal muss man sich einfach mal zurücklehnen und entspannt zuschauen. Wenn ich nicht gerade als Coach Snoop unterwegs bin, chille ich gerne in einem meiner speziellen Unterhaltungsräume – locker auf der Couch und bin breit, äh, bereit für bestes Football-Entertainment. Damit es richtig losgeht, brauche ich natürlich die perfekten Snacks für die Snooperbowl-Party. Egal, welches Team eure Kumpels unterstützen, auf eins könnt ihr wetten: dass sie alle heiß auf diese Meisterschaftssnacks sein werden.

MENÜ

BEATS and BITES

Am Game Day bin ich durchaus wettbewerbsorientiert. Soweit es mich betrifft, ist Gewinnen nicht alles - es ist das Einzige. Ich habe diese Playlist mit der Hymne "ALL I DO IS WIN" von meinem Kumpel Khaled begonnen. Zufälligerwizzle hab ich darauf einen coolen Vers gedroppt. Dann die Energie mit diesen wirklich triumphalen Tracks wie "WE WILL ROCK YOU" hochhalten. Ich konnte nicht anders als alles mit dem Klassiker "EYE OF THE TIGER" abzuschließen, obwohl "EYE OF THA DOGG" ein besserer Titel wäre ...

~ 1 ~

ALL I DO IS WIN

DJ KHALED

~ 2 ~

BLACK & YELLOW

WIZ KHALIFA

~ 3 ~

BEAT UP ON YO PADS

SNOOP DOGG

~ 4 ~

WELCOME TO THE JUNGLE

GUNS N ROSES

~ 5 ~

WE WILL ROCK YOU

QUEEN

~ 6 ~

LET'S GET IT STARTED

THE BLACK EYED PEAS

~ 7 ~

WHOOMP! (THERE IT IS)

TAG TEAM

~ 8 ~

MAKE 'EM SAY UHH!

MASTER P

~ 9 ~

FOREVER

DRAKE

~ 10 ~

EYE OF THE TIGER

SURVIVOR

Aufmarsch Chili-Käse-Pommes

Kann man Fritten verbessern? Hm? Na klar: indem man eine ganze Menge Chili und Käse darüber gibt. Während die Pommes im Ofen brutzeln, könnt ihr das Rinderhackfleisch und den Cheddar in die Pfanne hauen. Das Chili und der klebrige Käse erheben die Pommes frites von einem einfachen Snack zu einer königlichen Mahlzeit, die eines Doggs würdig ist. Haltet bloß genug Servietten in der Nähe, verstanden?

8 BIS 12 PORTIONEN

FÜR DIE FRITTEN:

1,4 kg	festkochende Kartoffeln, geschält und in Stäbchen geschnitten
2 EL	Pflanzenöl
4 TL	geräuchertes Paprikapulver
	Salz
	frisch gemahlener Pfeffer

FÜR DAS CHILI:

2 EL	Pflanzenöl
900 g	Rinderhack
2 EL	Chilipulver
1 EL	Weizenmehl
2 TL	Oregano
2 TL	Kreuzkümmelpulver
360 ml	Rinderbrühe
400 g	Kidneybohnen aus der Dose, gewaschen
	Salz
	frisch gemahlener Pfeffer
240 g	geriebener Cheddar

UM DIE FRITTEN ZU MACHEN:

1. Heizt den Backofen auf 220°C vor. Legt ein Backblech mit hohem Rand mit Alufolie aus.

2. Die Kartoffelstäbchen in eine große Schüssel legen, mit kaltem Wasser bedecken, dann abgießen und vollständig abtropfen lassen; diesen Vorgang noch zweimal wiederholen. Die Kartoffelstäbchen auf einem Bett aus Papiertüchern ausbreiten und trocken tupfen; die Schüssel ebenfalls trocknen. Die Kartoffelstäbchen wieder in die Schüssel geben. Das Pflanzenöl und 3 Teelöffel Paprika hinzugeben. Alles gut durchschwenken und die Kartoffeln mit dem Öl und dem Gewürz überziehen. Die Kartoffelstäbchen gleichmäßig auf dem vorbereiteten Backblech verteilen. Mit Salz und Pfeffer würzen.

3. Das Blech auf der mittleren Schiene in den Ofen schieben und die Fritten 40 bis 45 Minuten backen. Nach der Hälfte der Backzeit einmal schwenken und wenden, damit sie gleichmäßig gar werden, bis sie goldbraun, knusprig und zart sind.

UM DAS CHILI ZU MACHEN:

1. Während die Fritten backen, in einem großen Topf bei mittlerer bis hoher Stufe das Pflanzenöl erhitzen. Das Rinderhackfleisch hinzufügen. Etwa 8 Minuten braten, dabei umrühren, bis das Fleisch nicht mehr rosa ist. Chilipulver, Mehl, Oregano und Kreuzkümmel hinzugeben. 1 Minute lang unter Rühren kochen.

2. Mit der Rinderbrühe aufgießen und die Bohnen hinzufügen. Das Chili zum Kochen bringen. Die Hitze auf mittlere bis niedrige Stufe stellen und unter gelegentlichem Rühren 6 bis 8 Minuten köcheln lassen, bis es eingedickt ist. Das Chili vom Herd nehmen und mit Salz und Pfeffer würzen.

ZUM ABSCHLUSS:

1. Nehmt die Pommes aus dem Ofen, wenn sie fertig sind, aber lasst den Ofen an. Das Chili gleichmäßig über die Pommes auf dem Backblech verteilen, den Käse über das Chili streuen. 1 Teelöffel Paprika über den Käse streuen.

2. Die Fritten wieder in den Ofen schieben. Etwa 10 Minuten backen, bis der Käse vollständig geschmolzen ist und blubbert.

3. Die Pommes aus dem Ofen nehmen und sofort servieren.

Gestiefelt und Gespornte Giganten-Nachos

Eine gute Tüte kann ich immer brauchen – nein, nicht die Kräutertüte, an die ihr jetzt denkt; eine mit richtig krachigen, knusprigen Nacho-Chips! Und wenn ihr eure Chips wirklich dippen und aufpeppen wollt, solltet ihr euch nicht mit ein paar faden Soßen zufrieden geben. Mein Rezept für gefüllte Nachos hat alles, was ihr braucht, um eure Chips auf die nächste Stufe zu heben. Oh jaaaaa!

6 BIS 8 PORTIONEN

FÜR DIE NACHOS:

2 EL	Pflanzenöl
500 g	Rinderhack
1 TL	Chilipulver
1 TL	Kreuzkümmelpulver
½ TL	Knoblauchpulver
½ TL	Zwiebelpulver
2 TL	Salz
2 TL	frisch gemahlener Pfeffer
350 g	Tortilla Chips
150 g	Gemüsemais
450 g	schwarze Bohnen
1	Jalapeño Chili in dünnen Scheiben
80 g	geriebener junger Gouda
80 g	geriebener Cheddar

FÜR DIE TOPPINGS:

2	Avocados
	Saft einer Limette
	Salz
	frisch gemahlener Pfeffer
60 g	Saure Sahne
1	mittelgroße Tomate, gewürfelt
	Frühlingszwiebeln und frisches Koriandergrün als Garnitur

UM DIE NACHOS ZU MACHEN:

1. Heizt den Backofen auf 200°C vor, und legt ein Backblech mit Alufolie aus.

2. In einer großen Pfanne auf mittlerer Stufe das Pflanzenöl erhitzen. Schwenkt die Pfanne, damit der Boden vollständig bedeckt ist. Wenn die Pfanne heiß ist, das Rinderhackfleisch, Chilipulver, Kreuzkümmel, Knoblauch- und Zwiebelpulver, Salz und Pfeffer hinzufügen. 6 bis 7 Minuten braten, dabei häufig umrühren, um das Fleisch aufzulockern, bis das Rindfleisch vollständig gebräunt ist. Abschmecken und ggf. nachwürzen. Das überschüssige Fett abgießen und entsorgen. Das Rindfleisch in eine große Schüssel geben und abdecken.

3. Die Tortilla-Chips auf dem Backblech ausbreiten. Die Chips gleichmäßig mit dem Rinderhackfleisch, dem Mais, den schwarzen Bohnen, den Jalepeños und dem Käse belegen.

4. Die Chips in den Ofen schieben und 6 bis 7 Minuten backen, bis der Käse vollständig geschmolzen ist.

DIE NACHOS FERTIGSTELLEN:

1. Während die Chips backen, in einer kleinen Schüssel die Avocados mit dem Limettensaft pürieren. Abschmecken und bei Bedarf mit Salz und Pfeffer würzen.

2. Die Chips aus dem Ofen nehmen und mit der pürierten Avocado, der sauren Sahne und der Tomate belegen. Koriander und Frühlingszwiebeln darüber streuen. Warm servieren.

Heiß Wie Eine Pfannen-Pizza

Wenn ich schon Pizza mache, dann misch ich sie richtig auf, Leute. Ich denke, ich nehm' mal ein bisschen italienische Wurst, ein bisschen Salami, Mozzarella, Cheddar, ihr wisst schon, verschiedene Käsesorten. Und dann mach ich natürlich auch den Teig selbst, ist ja klar. Besorge das Mehl und alle Zutaten, die man dafür braucht und mach' den Boden der Pizza von Grund auf selbst. Ihr könnt natürlich auch einfach einen Fertigteig kaufen und ihn nach Lust und Laune belegen – vor allem, wenn die ganze Hood schon auf ein Stück wartet. So oder so seid ihr hier der Boss. Mir ist am wichtigsten, dass meine Rezepte einen ganz eigenen Geschmack haben. Also beißt rein und schmeckt die Aromen des ganzen feinen Zeugs, das ihr so noch nicht gehabt habt.

4 PIZZEN À 1 PORTION

ZUTATEN

60 ml	natives Olivenöl
2	Knoblauchzehen
1 TL	Chiliflocken
1	fertiger Pizzateig, groß, bei Zimmertemperatur
400 g	gehackte Tomaten aus der Dose
230 g	geriebener Mozzarella, oder 230 g geriebener Mozzarella und geriebener Cheddar
115 g	Chorizo in Scheiben (wenn ihr mögt)
115 g	Salamischeiben (wenn ihr mögt)
8 g	geriebener Parmesan

1. In einer kleinen Pfanne bei mittlerer Hitze das Olivenöl, den Knoblauch und die Chorizo vermischen. Etwa 3 Minuten lang brutzeln und duften lassen. Vom Herd nehmen und beiseite stellen.

2. Den Grill auf hohe Stufe stellen, wobei sich ein Rost direkt unter der Hitzequelle befinden sollte.

3. Den Pizzateig in vier Stücke teilen. Stellt eine gusseiserne Pfanne mit einem Durchmesser von 25 cm auf mittlere bis hohe Stufe und erhitzt sie einige Minuten lang. In der Zwischenzeit die erste Teigportion mit den Händen zu einem Kreis mit einem Durchmesser von etwa 23 cm formen.

4. Pinselt die Pfanne leicht mit Olivenöl ein. Legt den Teigkreis vorsichtig und gleichmäßig hinein. 90 Sekunden bis 2 Minuten backen, dabei den Rand der Kruste mit einem Spatel anheben, um zu prüfen, ob der Boden Blasen wirft und leicht knusprig ist. Den Teig umdrehen und zügig etwa 80 ml der zerdrückten Tomaten auf der Pizzakruste verteilen. Ein Viertel des Mozzarella- oder Cheddarkäses, der Chorizoscheiben und der Salami darauf geben. Nach weiteren 2 bis 3 Minuten sollte der Boden blasig und leicht knusprig sein und der Käse zu schmelzen beginnen.

5. Nehmt die Pfanne vom Herd. 1 Esslöffel Parmesankäse über die Oberfläche streuen. Die Pfanne etwa 2 Minuten lang unter den Grill stellen, bis die Pizza brutzelt und gebräunt ist. Auf einen Teller geben und sofort servieren, am Tisch mit dem gewürzten Knoblauchöl beträufeln. Den Vorgang mit den restlichen Teilen des Teigs und den Belägen wiederholen.

Spieleabend: Es Geht Um die Dominos

KAUM EIN SPIEL ist in unserer Gegend so beliebt wie eine gute Partie Domino. Ja, es ist kein ausgefallenes, intellektuelles Spiel wie Schach, aber du kannst mir glauben, dass ich und meine Kumpels bei diesem Scheiß richtig wetteifernd werden können! Spiele in den Vierteln erfordern Essen aus den Vierteln. Diese einfachen Lieblingsspiele sind ein guter Muntermacher, wenn die Kumpels auf dem Küchentisch oder im Garten auf die Fliesen einschlagen. An einem sonnigen Nachmittag in L.A., der bis in die Nacht dauert, gibt es nichts Besseres.

MENÜ

Eastside Käse Quesadillas 176

DOGGs im Schlafrock 177

Get Tha Chip Fried Chicken Wings 80

OG Gin & Juice 133

SPIELEABEND: ES GEHT UM DIE DOMINOS

BEATS and BITES

Beim Domino mit den Kumpels geht es vor allem darum, mit einem Drink in der Hand zu entspannen. Wir müssen die Stimmung mit dem Soundtrack einleiten, und mein Freund Ill Will hat uns mit "SUMMERTIME" die perfekte Hymne geliefert. Wir halten den Vibe mit ein paar relaxten Jams wie "THIS DJ" von meinem Homie Warren und "LET ME RIDE" von meinem großen Kumpel Dr. Dre in Schwung. Dann was Aktuelles mit ein wenig Calvin Harris, der immer noch diesen Cali-Swagger hat. Jeder wird zu diesen Tracks bouncen, rocken und skaten können.

~ 1 ~

SUMMERTIME

WILL SMITH

~ 2 ~

THIS DJ

WARREN G

~ 3 ~

THIS IS HOW WE DO IT

MONTELL JORDAN

~ 4 ~

LET ME RIDE

DR. DRE

~ 5 ~

SEPTEMBER

EARTH, WIND & FIRE

~ 6 ~

SO FRESH, SO CLEAN

OUTKAST

~ 7 ~

WHERE THE PARTY AT

JAGGED EDGE

~ 8 ~

SLIDE

CALVIN HARRIS

~ 9 ~

LOVE AND HAPPINESS

AL GREEN

~ 10 ~

NO DIGGITY

BLACKSTREET

Eastside Käse Quesadillas

Eins muss ich meinen mexikanischen Freunden lassen - sie wissen, wie man Käse richtig einsetzt. Für die perfekte Quesadilla braucht man eigentlich nicht viel - nur ein paar Tortillas und einen ganzen Haufen Käse. Grillt sie, bis der Käse schön geschmolzen ist, und bumms - schon ist es ein amtlicher Snack, Jack!

8 PORTIONEN

FÜR DIE CHIPOTLE SAUCE:

3 EL	Saure Sahne
3 EL	Mayonnaise
4 EL	Sriracha

FÜR DIE QUESADILLAS:

8	Tortillas
160 g	geriebener Cheddar
80 g	geriebener junger Gouda
85 g	Butter

FÜR DIE GARNITUR:

2	Avocados in Scheiben
3 EL	gehacktes Koriandergrün
2	Limetten in Vierteln

UM DIE CHIPOTLE SAUCE ZU MACHEN:

In einer kleinen Schüssel die saure Sahne, Mayonnaise und Sriracha verrühren, bis sie sich vermischt haben. Im Kühlschrank aufbewahren, bis sie verwendet wird.

UM DIE QUESADILLAS ZU MACHEN:

1. Die Tortillas auf eine saubere Arbeitsfläche legen und gleichmäßig mit dem Käse belegen. Jede Tortilla in der Hälfte über den Käse falten.

2. In einer großen Pfanne bei mittlerer Hitze 2 Esslöffel Butter schmelzen.

3. Wenn die Pfanne heiß ist und sich der Schaum gelegt hat, 2 Tortillas hineinlegen. Zwei bis drei Minuten pro Seite braten, bis sie golden und leicht knusprig sind. Der Käse sollte klebrig und geschmolzen sein. Die Quesadillas vorsichtig aus der Pfanne nehmen und mit Alufolie abgedeckt beiseite stellen, um sie warm zu halten. Den Vorgang mit der restlichen Butter und den Quesadillas wiederholen.

4. Sofort mit den Avocados und der Chipotle-Sauce servieren. Alles mit Koriander und Limetten garnieren.

DOGGs im Schlafrock

SCHWEINE im Schlafrock? Nee, mit den Schweinen habe ich es nicht so. Meine Hündinnen im Schlafrock sind 'ne andere Geschichte. Der Top Dogg hat genau das richtige Rezept, um diese Hot Dogs zuzubereiten. Auf den Grill zu werfen ist lame - Würstchen haben noch nie so gut geschmeckt wie in Teig gerollt. Und wenn ihr mit dem Kauen fertig seid, müsst ihr vielleicht noch etwas anderes rollen ...

8 PORTIONEN

ZUTATEN

8	Hot Dogs, längs aufgeschnitten
160 g	geriebener Cheddar
1	Dose Croissants-Teig
1	Jalapeño Chili, entkernt und dünn geschnitten
	Senf

1. Heizt den Backofen auf 190°C vor, mit einem Rost in der mittleren Position. Ein Backblech mit Alufolie auslegen und beiseite stellen.

2. Jeden der gespaltenen Hot Dogs mit Cheddar füllen.

3. Den Fertigteig ausrollen, in 8 Dreiecke teilen.

4. Die Jalapeño-Scheiben auf die Teigdreiecke legen, dabei etwa 2,5 cm von den Spitzen entfernt aufhören

5. Legt 1 gefüllte Wurst entlang der breitesten Kante eines Dreiecks. Rollt den Teig vorsichtig um die Wurst und rollt ihn in Richtung der Spitze. Legt den Dogg im Schlafrock auf das vorbereitete Backblech. Den Vorgang mit den restlichen Hot Dogs und Teigdreiecken wiederholen.

6. Das Backblech in den Ofen schieben und 13 bis 15 Minuten backen, dabei das Blech nach der Hälfte der Backzeit drehen, um ein gleichmäßiges Garen zu gewährleisten, oder bis sie goldbraun sind. Mit dem Senf servieren – und zwar sofort, wenn nicht schon früher!!

From Tha Beach: Meeresfrüchte-Remix

SO RICHTIG ANFASSEN mag ich Meeresgetier nicht, aber beim Essen sieht das anders aus. Vielleicht erinnert ihr euch daran, wie ich mit meiner Freundin Martha im Fernsehen zu sehen war und sie wollte, dass ich einen lebendigen Hummer aus dem Aquarium fische. Ich hab gar nicht erst versucht, die Viecher zu greifen, und ich werde ganz sicher nicht probieren, 'ne Krabbe anzufassen! Ich hab' die Scheren dieser Viecher gesehn, Mann - würden mir glatt 'ne Pfote abschneiden! Aber mit Gewürzen bestreut, mit Soße übergossen und mit etwas Butter gekocht? Oh jaaa! Eine Meeresfrüchteplatte ist immer ein echter Hingucker. Probiert diese Rezepte aus und bereitet euch darauf vor, beim nächsten Treffen der große Fisch zu sein. Alles klar?

MENÜ

FROM THA BEACH: MEERESFRÜCHTE-REMIX

BEATS and BITES

Alles easy Leute, das Thema hier ist klar. "CALIFORNIA ROLL" ist nicht nur einer meiner klassischen Tracks, sondern auch der Namensgeber für das beste Sandwich auf der Speisekarte. Meine Jungs Timbo und Jigga haben mit "LOBSTER AND SCRIMP" gezeigt, wie man wie ein Boss diniert, während die drei Migos uns "STIR FRY" servieren. Seid ihr schon hungrig? Sushi ist okay, aber ich weiß nicht, ob ich 'nen "JELLYFISH" probieren möchte – aber den amtlichen Klassiker von Ghostface musste ich einfach drin haben!

~ 1 ~

CALIFORNIA ROLL

SNOOP DOGG, FEATURING PHARRELL WILLIAMS AND STEVIE WONDER

~ 2 ~

STIR FRY

MIGOS

~ 3 ~

KUNG FU FIGHTING

CARL DOUGLAS

~ 4 ~

(SITTIN' ON) THE DOCK OF THE BAY

OTIS REDDING

~ 5 ~

PAID IN FULL

ERIC B AND RAKIM

~ 6 ~

LOBSTER AND SCRIMP

TIMBALAND, FEATURING JAY-Z

~ 7 ~

WE GON' MAKE IT

JADAKISS, FEATURING STYLES P

~ 8 ~

LIVIN' ON A PRAYER

BON JOVI

~ 9 ~

I'M ON A BOAT

LONELY ISLAND, FEATURING T-PAIN

~ 10 ~

JELLYFISH

GHOSTFACE KILLAH, FEATURING CAPPADONNA, SHAWN WIGS, AND TRIFE

Die Tödlichsten Krabbenbeine

Inspiriert von der Sendung *The Deadliest Catch*. Die fahren da auf den Ozean raus, sammeln einen Haufen Krabben, um Geld zu verdienen und riskieren dabei ihr Leben. Noch dazu in Alaska, wo sie die besten Krabben fischen, die man kriegen kann. Das sind meine Jungs. Ich habe ein paar Mal mit denen abgehangen - allerdings an Land.

Im Gegensatz zu diesen Typen mache ich nichts mit der Krabbe, solange sie noch lebt, voll nicht. Ich lasse das einfach jemanden für mich erledigen. Ihr müsst auch keine dicken Macker sein, um das jemanden machen zu lassen - fragt einfach die Leute hinter der Fischtheke. Lieber die als mich, echt!

4 PORTIONEN

ZUTATEN

70 g	Butter
900 g	Königskrabbenbeine
3	halbierte Zitronen
1 EL	gehackte glatte Petersilie

1. Heizt den Grill vor, und stellt einen Rost auf die oberste Schiene. Legt ein Backblech mit Alufolie aus.

2. 1 Esslöffel Butter in eine mikrowellengeeignete Schüssel geben und in der Mikrowelle schmelzen.

3. Die Krabbenbeine auf das Backblech legen und mit der geschmolzenen Butter bestreichen. Das Backblech 3 bis 4 Minuten unter den Grill schieben. Die Krabbenkeulen wenden und weitere 3 bis 4 Minuten grillen.

4. Währenddessen die Butter klären. Schmelzt die restliche Butter in einem kleinen Topf. Dann durch einen Kaffeefilter oder ein mit Küchentuch ausgelegtes Sieb seihen, damit nur noch klare Butter bleibt.

5. Die Krabben mit der geklärten Butter zum Dippen und den Zitronenhälften und der Petersilie garnieren.

Big Boss Shrimp Cocktail

Ich liebe alle Arten von Meeresfrüchten, besonders aber grandios gute Garnelen. Ich erinnere mich noch gut daran, wie ich in New York City einen Heißhunger bekam und mein Neffe Dave East mich in 'ne Nachtkaschemme führte, wo es die besten Shrimps gab, die ich je gegessen hab'! Dieses Rezept für einen Krabbencocktail ist genau das Richtige für eure nächste Dinnerparty.

4 PORTIONEN

FÜR DIE COCKTAILSAUCE:

275 g	Chili-Sauce
65 g	Meerettich
1 TL	frischer Zitronensaft
½ TL	frisch gemahlener Pfeffer
½ TL	Hot Sauce

FÜR DIE SHRIMPS:

60 ml	trockener Weißwein
2	Zitronen, 1 halbiert, 1 in Scheiben
1 TL	Pfefferkörner
1 TL	Salz
2	Zweige glatte Petersilie
1	Lorbeerblatt
455 g	Shrimps

DIE COCKTAILSAUCE MACHEN:

In einer kleinen Schüssel die Chilisauce, den Meerrettich, den Zitronensaft, den Pfeffer und die Hot Sauce verquirlen. Abdecken und bis zum Servieren in den Kühlschrank stellen.

DIE SHRIMPS KOCHEN:

1. 1 Liter Wasser, den Wein, die Zitronenhälften, die Pfefferkörner, das Salz, die Petersilie und das Lorbeerblatt in einem Topf bei starker Hitze zum Kochen bringen. Die Hitze reduzieren und 10 Minuten köcheln lassen.

2. Die Garnelen ins Wasser geben und den Herd abschalten. Den Topf abdecken und 3 Minuten ziehen lassen, dabei gelegentlich umrühren. Abgießen, die ganzen Gewürze entfernen und die Garnelen abkühlen lassen.

3. Die Garnelen schälen und entdarmen. Im Kühlschrank aufbewahren, bis sie gekühlt sind und mit der Cocktailsauce und den Zitronenscheiben serviert werden können.

California Rollin'

Vor ein paar Jahren traf ich den berühmten Sushi-Koch Morimoto bei einem Food Festival im Napa Valley. Bis zu diesem Zeitpunkt hatte ich noch nie Sushi gegessen. Der Mann hat mir gezeigt, wie man Sushi macht, und zwar O-Ri-Gi-Nizzl. Er hat mir ein paar Zutaten gegeben und ich hab zuhause direkt weiter geübt. Ich hab's für meine Kumpels gemacht, und sie fanden es richtig gut. Rohes Sushi ist nicht mein Ding, auf gar keinen Fall, nee-eh. Ich bleibe bei der California Roll, klaro?

Bei Sushi muss man alles ganz genau vorbereiten. Genau abgemessen, gerollt, geschnitten, serviert: so, dass es richtig gut aussieht. Das ist 'ne Kunst. Ich weiß schon, was ihr denkt, also hier's ein Tipp: Das Rollen von Blunts und Sushi ist tatsächlich ähnlich. Nur braucht ihr zum Rollen von Sushi mehr Fingerspitzengefühl als zum Rollen von Blunts. Kriegt ihr schon hin.

8 PORTIONEN

ZUTATEN

8	Noriblätter, diagonal halbiert
700 g	gekochter weißer Reis, am besten Sushi-Reis.
70 g	geröstete Sesamsaat
2	Avocados in feinen Streifen
1	Gurke in feinen Streifen
½	Ananas in feinen Streifen
135 g	gehacktes Krabbenfleisch oder Surimi
	Sojasoße, Wasabi und frischer, geschälter Ingwer

1. Legt eine Bambus-Sushi-Matte mit Frischhaltefolie aus. Legt ein Nori-Blatt mit der glänzenden Seite nach unten auf die Matte.

2. Verteilt 45 g gekochten Reis auf dem Nori-Blatt. Die Hände leicht anfeuchten und den Reis fest andrücken, um ihn zu komprimieren. Streut 1½ Teelöffel Sesam über den Reis und drückt ihn leicht an, damit er haftet.

3. Dreht den Nori mit der Reisseite nach unten auf eine saubere Arbeitsfläche um. Die Füllung wird auf den Nori gelegt, nicht auf den Reis.

4. Legt jeweils ein Achtel der Avocado in einer dünnen Linie über den unteren Rand (der euch am nächsten ist) des Nori. Legt die Gurke daneben, gefolgt von der Ananas und dem Krabbenfleisch, wobei ihr darauf achten müsst, dass die Rolle nicht zu voll wird.

5. Haltet die Rolle mit den Fingern fest, legt die Daumen unter die Reisschicht und rollt das Sushi fest von euch weg, wobei ihr die Ränder fest einschlagt und die Plastikfolie beim Rollen entfernt. Schneidet die Rolle kreuzweise in 6 bis 8 Stücke. Den Vorgang mit dem restlichen Nori und den Füllungszutaten wiederholen.

6. Mit Sojasoße, Wasabi und frischem Ingwer garnieren.

FLIP DAS DING

Ob ihr's glaubt oder nicht, es gab eine Zeit, als ich auch noch nicht rollen konnte. Legt ein halbes Stück Nori mit der glänzenden Seite nach unten auf eine saubere Unterlage. Verteilt 3 Esslöffel gekochten Reis auf einem Drittel des Nori-Blattes. Mit den Füllungen belegen und zu einem Kegel aufrollen. Die Ränder mit etwas Wasser versiegeln und schon habt ihr eine Handrolle – genauso lecker. So geht das.

DANKE

Erstens möchte ich Gott dafür danken, dass er mich mit meiner Frau und meinen Kindern gesegnet hat.
Zweitens möchte ich mich bei den Verlags- und Kreativteams bedanken, die mir geholfen haben, meine Vision für Vom Gangsta Zum Gourmet zu verwirklichen: Chronicle Books, Snoopadelic Books und MERRY JANE.
Und schließlich eine besondere Botschaft an alle meine Familienmitglieder, an die Freunde, die mit mir gelebt haben oder mit mir gereist sind, und natürlich an meine Freundin Martha Stewart … Danke für das Geschenk, über die Jahre hinweg Rezepte teilen zu dürfen, für Freunde auf der ganzen Welt zu kochen und gemeinsam die Freude und Bedeutung eines guten Essens zu feiern!

Biografie

Snoop Dogg ist eine Legende der Unterhaltungsbranche, und steht seit mehr als zwei Jahrzehnten an der Spitze. Er hat die Messlatte als Entertainer höher gelegt, vielen Künstlern den Weg geebnet und ist als weltweiter Innovator anerkannt. Snoop Dogg steht mit seiner preisgekrönten Musik, seinen Film- und Fernsehrollen - sowohl vor als auch hinter der Kamera - sowie mit seinen Unternehmen und seinem philanthropischen Engagement ganz oben in der Popkultur. Er schrieb Hip-Hop-Geschichte.

Snoop Dogg wurde in Long Beach, Kalifornien, geboren und wuchs dort auf. Seine Mutter gab ihm den Spitznamen Snoop weil sie fand, dass er wie eine der Figuren aus dem Peanuts-Cartoon aussah. Nach seinem Highschool-Abschluss begann Snoop zusammen mit seinem Cousin Nate Dogg und seinem Freund Warren G Musik zu machen und begann dann, mit dem legendären Dr. Dre zusammenzuarbeiten. Im Laufe seiner Musikkarriere stellte Snoop Rekorde auf, unter anderem mit Alben und Songs, die auf Platz 1 der Billboard-Charts standen: Sein Debütalbum "Doggystyle" und die Songs "Gin & Juice", "Who Am I? (What's My Name?)," "Nuthin' But A 'G' Thang," "Next Episode", "Beautiful"," "Drop It Like It's Hot", "Signs", "Sensual Seduction", "I Wanna Rock" und "Young, Wild and Free". Das 2018 veröffentlichte Gospel-Album "Bible Of Love" von Snoop Dogg hielt sich sieben Wochen lang auf Platz 1 der Billboard-Charts.

Snoop verbringt viel Zeit damit, Kinder in der Snoop Youth Football League zu trainieren, einer nicht-professionellen Organisation, die er 2005 gegründet hat, um innerstädtischen Kindern die Möglichkeit zu geben, am Jugend-Football teilzunehmen, und er unterstützt verschiedene globale Wohltätigkeitsorganisationen.

Snoop Dogg, bekannt für seine sanfte und charismatische Persönlichkeit, ist auch ein für den Emmy nominierter Gastgeber der VH1-Sendung Martha & Snoop Potluck Dinner und der Gastgeber der TBS-Sendung Snoop Dogg Presents The Joker's Wild. Snoop positionierte sich als versierte und vorausschauende Führungspersönlichkeit in der Cannabisbranche. Ende 2015 gründete Snoop MERRY JANE, eine Medienplattform, die an der Kreuzung von Popkultur, Wirtschaft, Politik, Gesundheit und der neuen Generation einer anspruchsvollen Cannabiskultur für alle sitzt. Außerdem brachte er "Leafs by Snoop", seine eigene Cannabis-Produktlinie mit Lebensmitteln auf den Markt.

Mit seiner kategorieübergreifenden Leidenschaft ist Snoop wirklich einer der vielseitigsten Künstler, die die Welt je gesehen hat.

Snoop Dogg ist seit mehr als 20 Jahren mit seiner Highschool-Liebe Shante Broadus verheiratet.

Sie haben drei wunderbare Kinder: die Söhne Corde Broadus und Cordell Broadus und die Tochter Cori Broadus. Die Familie wohnt in Los Angeles, Kalifornien.

Index

TEXT COPYRIGHT

PHOTOS COPYRIGHT

EDITOR
Camaren Subhiyah
DESIGN BY
Sebit Min and Andrew Teoh

EDITOR FOR MERRY JANE
Noah Rubin
ADDITIONAL WRITING
Conan Milne

Amerikanische Originalausgabe erschienen 2018 bei Chronicle Books, San Francisco, Kalifornien.

YDSNOOP001
ISBN 978-3-8332-4185-7
1. Auflage, Mai 2022

FSC www.fsc.org MIX Aus verantwortungsvollen Quellen FSC® C106954

Deutsche Ausgabe erschienen bei Panini Verlags GmbH, Schlossstr. 76, 70176 Stuttgart.
Geschäftsführer: Hermann Paul
Head of Editorial: Jo Löffler
Head of Marketing: Holger Wiest
Übersetzung: Stefan Dinter
Satz und Layout: Stefan Dinter
Presse und PR: Steffen Volkmer
Druck: Florjancic Tisk, Slowenien

MERRY JANE

www.paninishop.de